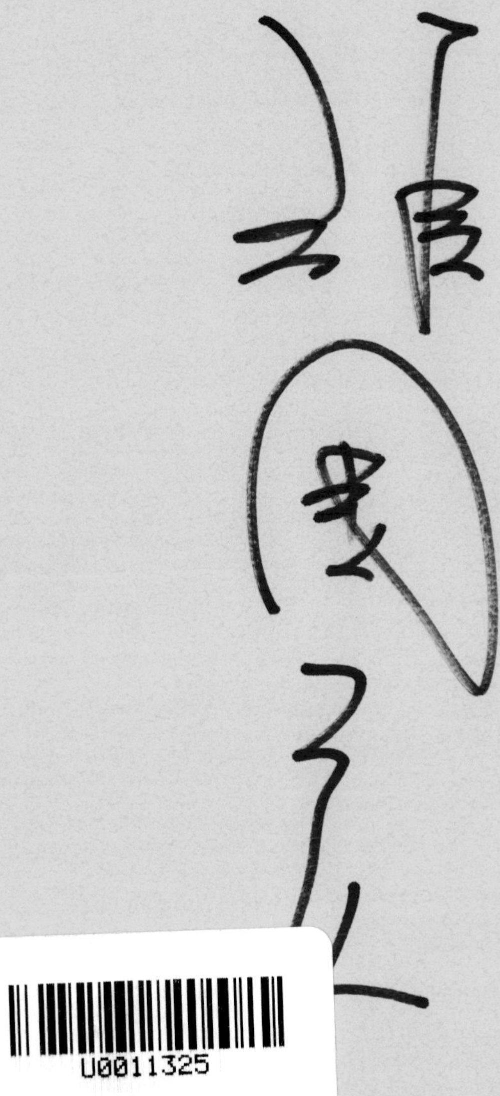

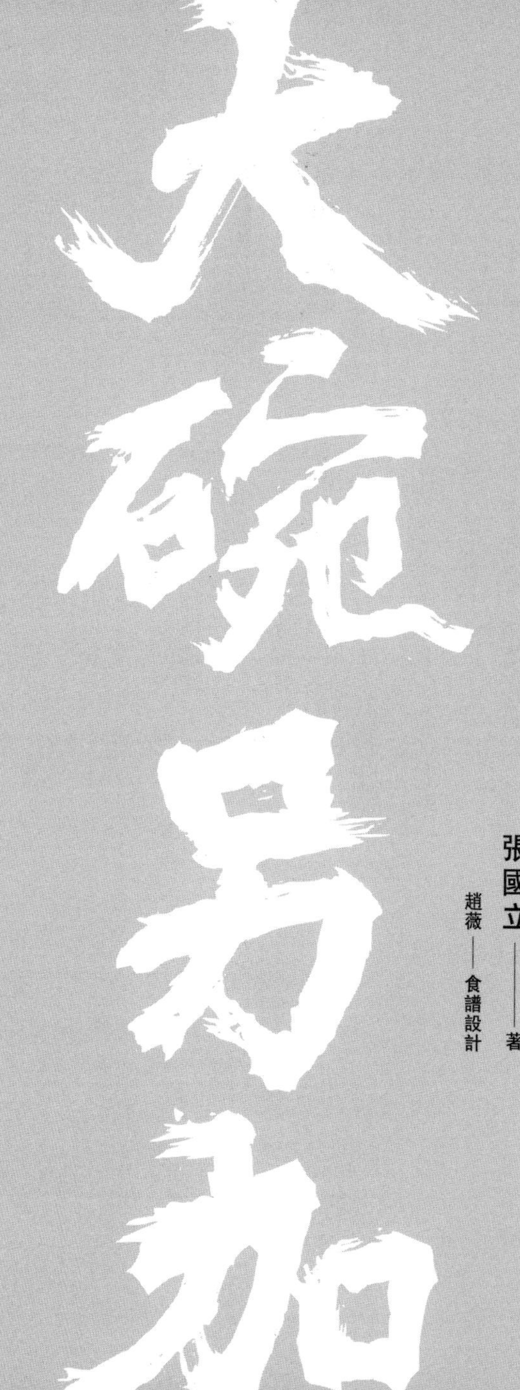

大碗另加

小說家的飲食滋味

張國立——著
趙薇——食譜設計

目錄

輯・1 記憶之味

輯・2 時間之味

輯3・小說家之味

輯4・行旅之味

輯· 1

記憶之味

Hayashi 的飯、大碗另加的麵、忘記名字的便當
他們叫那頭大象瑪莉

我陪大象散過步

最早發現腳帶來幸福是五、六歲時，我和幾個眷村裡小傢伙爬上比大人還高的圍牆往下跳，樂此不疲。圍牆內住的是老媽同事顧伯伯一家，顧媽媽看著我們拿她家圍牆當翹翹板，忍不住說：

「算了算了，由他們跳，有腳真幸福。」

後來老媽才告訴我，顧媽媽裹小腳，到哪兒也走不遠。

人生很奇怪，無論大人怎麼告誡，不過四十不會省悟。

十八歲起迷上摩托車，二十多歲迷上汽車，到隔壁巷子吃碗麵也得開車，進入「輪子倚賴重症期」。直到某天不知怎地腦子打鐵，決定改坐公車，世界為之一變，以前開車無暇分心在街景，坐公車不一樣，增加與城市接觸的機會，看得清經過的每條路。

捷克裔的著名作家米蘭．昆德拉曾對快與慢有這樣的形容：「傾身跨在摩托車上的騎士只專注於正在飛躍的那秒鐘，他緊緊抓住這個與過去、與未來都切斷的一瞬；他自時間的持續中抽離；他處於時間之外；換句話說，他處在一種迷醉的狀態；在這個狀態中，他忘記他的年歲、他的妻子、他的孩子和他的煩惱。」

這當然形容的是快，騎機車的快感便在快，可以感覺風刮著臉的巨大衝擊力，可以整個人和車子包在一個不存在的氣泡裡面，和之外的世界完全隔離。隔離和孤寂，有時對人，是好的。

那麼「慢」呢？「悠閒的人是在凝視上帝的窗口。凝視上帝窗口的人不無聊，他很幸福。在我們的世界裡，悠閒卻被扭曲為無所事事，其實兩者完全不同。」昆德拉如是說。

四十歲以前凡事講究快，之後就學習和慢共處。坐公車樂趣無窮，出國旅行更靠公車行天下，每天拿著車票等車，等待全新的一天，以好奇心情往陌生前進。嗯，有點拿到愛麗絲夢遊仙境的門票那樣感覺。

接著由公車換成自行車，美其名為增加運動量，其實為的是更廣的接觸面，畢竟隨時看到什麼喜歡的都可以停下來，不必為怕擠或找不找得到停車位而放棄眼前的好奇。

騎車隨時可以停在餐廳或小攤子前，無論牛肉麵、魯肉飯，都有充足自我安慰的理由：「反正吃飽了還騎車，殺熱量，何妨好好先吃一頓。」

最喜歡的一段是從淡水騎往石門，登輝大道的上坡夠長夠陡，富基漁港到老梅的下坡也夠長夠爽。

四十歲的新人生從走路開始，台北市區不大，在淡水河、基隆河與新店溪包圍的範圍內，從北走到南也不過兩、三個小時，我走。終於領會敦化南北路的季節變換，也醒悟華陰街和華亭街不一樣，北投市場內矮仔財的魯肉飯和萬華兩喜號滋味上的截然不同。吃，變成走路的附加價值，吃飽拍拍肚皮再走路。

疫情期間世界縮小，能去的地方有限，就小了；世界又再變大，只能於住家附近活動，走呀走，滾麵糰那樣把世界走大。

二〇二一年夏天，疫情最嚴重的時候，我從住家紅樹林沿河岸自行車道走去淡水買黑殿排骨飯，外帶到捷運公園內對著寂寞的河道吃，那時情勢緊張，公園內幾乎沒人，風吹拂樹枝，河面映著與天空相同的藍，排骨配舒跑，覺得人生的幸福不過如此。

去台北市區和編輯碰面，我對老婆說，走路去。她懂意思，我會在圓山站下車，一路走到台北車站，或者民權西路站下車，走到行天宮。這個城市，我不再路過，而是進入。

從小住在中山北路，於是我逛進已廢棄的兒童樂園，小號摩天輪仍在，我的童年仍在。經過林森北路旁的華國飯店，啊，以前在巷子內等擔任櫃台服務員的女朋友下班，我踩動野狼機車油門對她說，「風大，手插我外套口袋」，多年輕的甜蜜。經過民權東西路口，那裡以前有家美琪飯店，中午茶舞門票便宜，以迪斯可消耗熱量。

來到南京東西路，右手邊於我尚未進小學時開了一家「美而廉西點店」，下午我會想盡辦法溜出家，整張臉貼在玻璃窗，看長條土司進了機器，切成一片片，我努力嗅流溢出玻璃門的香味。

往赤峰街走，大學交的女朋友家是其中一棟，也是夏天，晚上，下了好大的雨，她哭著說，「對不起，我們真的不能在一起」。不知道怎麼表達難過，我冒雨揹吉他走過一條一條街，始終沒找到能唱披頭四〈Don't Let Me Down〉的地方。走進赤峰街時，她的臉孔閃電一樣閃過腦海，雖然非常模糊。

折而往南京東路，忽然聽到音樂聲，對，我五歲還是六歲那年，又是夏天，交通管制了兩條車道，由小丑領頭的馬戲團進城了，他們來自日本或香港？叫東方馬戲團嗎？我和其他小朋友跑進快車道，跟在小丑後面的是大象、籠子內的獅子、老虎，還有十幾匹戴頭飾的馬，漂亮的姐姐在馬背上翻滾。

對了，其中一頭大象好像腳痛，走得慢而落到隊伍後面，我年紀小也走得慢，於是穿木屐和短褲的我便陪著大象一路往東。那天走了很久、很長的一段路，直到我把大象送進新搭起的帳蓬。

我愛走路，我想起那頭陪我走路的大象。

（華國飯店於二〇二一年年十月三十一日停止營業，一個回憶可能因而消失。）

便當與初戀

今天老婆做了便當，因為我要去爬某座熟悉的山，找回若干不再清晰的記憶。於是當我坐在大屯山，身邊一壺水、一粒橘子與一個便當。看著山下台北市一角，我打開便當盒蓋，腦中浮現的是另一個便當。

小學四年級發生的事，班上這學期新增兩名同學，一名轉學生，一名留級生，前者帶來新的拚命遊戲「幹條仔」（編按：為台灣版阿魯巴原名），班上男生樂此不疲，絲毫不顧慮蛋破的可能性，後者連續兩年留級，原本該六年級了。

另一個便當和留級生有關。

女生長得比男生早熟，那時我大約一百四十公分出頭，她已經一百六十公分了，每天穿整齊的制服最早到學校，很少顯露表情，但對我笑過，也許她的笑與我無關，我確定笑容範圍內有我，也就足夠了。她坐在最後一排角落，從不主動和同學說話，整天靜靜坐著，我偷眼看她時，有時見她望向窗外，眼神有點失焦。

留級不可怕，老師對她的態度可怕，找到機會便要她起來回答，沒有一次回答得出來，這算還好，之後老師沒再叫過她名字，她便這麼悄悄消失，明明存在的消失。那是個分等級、分未來的時代，凡被視為不升學、成績不足以升學的學生，大多安排在最後一排，也就是放牛排，和其他同學涇渭分明，老師眼中尤其如此。

邊緣，同一間教室有道無形的牆將他們流放、遺忘。我覺得老師太不公平，其實應該常叫她，她臉紅起來很可愛。

這些對我而言本來並不重要，那年我十歲，才四年級，剛才說過，身高一百四十出頭，又瘦又乾，她卻一百六，是我記憶庫內第一次出現美女兩個字，可能和她高有關，可能和她看窗外的側面有關，可能和她曾經對我笑過。

吃便當是大事，中午很熱鬧，要好的女生湊在一起交換菜吃，男生則努力在最短時間內嗑光便當，好去操場玩老師幾次禁止的拚命遊戲，所以我從未注意中午時候的她是什麼模樣。那天我注意到了，她仍遠離同學安靜坐在角落，小心推開便當盒蓋一角，夾出一口飯，送進嘴慢慢咀嚼，好像天底下沒有任何食物的美味，比得過她的便當。

事情發生在一名平日愛搗蛋的男同學，他尤其喜歡逗女生，其實那個年紀的男生哪個不是這樣呢？他一手捧著自己的便當，悄悄從教室後門潛入，躡手躡腳走到最後一排的角落，伸出另一隻手，搶走那個除了筷子伸進去夾飯時，才打開一角的便當盒蓋。

我記得是個很大的四方形黃色金屬便當盒，裡面是壓得緊緊的飯，與正中央的一小撮鹹菜——或酸梅？

便當盒蓋落到地面，「哐」的一聲，教室內的同學都看到她便當盒內的祕密了。她慌張想撿回盒蓋，想抓搗蛋的傢伙，但很快她收回手靜靜坐在位子上流眼淚，任由她的午餐攤在大家面前。

對，我第一次明確了解美麗的定義是那個時候。

闖禍的同學知道自己錯了，拾回盒蓋用力蓋回她的便當，手足無措回到自己位子，那天便這麼過了。明天呢？明天她還是會有便當，還是會遮掩裡面的飯菜，其他同學當沒發生過這件事嗎？

第二天中午，她照樣沉靜地坐在角落，拿出她從不送去蒸的便當盒，忽然三個女同學坐過去，她們打開自己便當盒，彼此交換菜吃起來，而且以她們的菜交換她的鹹菜。

看著她們，我以慢很慢速度吃自己便當，裡面有塊老媽醬油燒的排骨、炒雪裡蕻、我最愛的油燜筍、一個結實且滴了醬油的荷包蛋。很想過去和四個女生一起交換吃，我不在意和其他人分享老媽為我準備的便當，可惜我太膽小、太羞怯。如今回想，如果那天我去，說不定十歲時即有女朋友，不必等到以後很蒼老的時候。

是啊，那天我第一次了解善良是什麼，而且我也才知道原來美麗的女生至少有四個，上帝果然關照男人。

••••••••••

我坐在芒草堆的大屯山頂打開便當盒，裡面有蛋捲、醬菜、炸雞、菠菜與炒菇，不能忘記，背包裡還有一塊長崎蛋糕、一壺咖啡。高中三年生活在大屯山腳，這裡是我記憶寶庫，說不出來為什麼出現的卻是小學一段回憶，上次出現是二十多年前吧，它又回來了。

……我承認，後來不和男同學玩拚命遊戲了，我學會女生樂此不疲的丟沙包、替紙娃娃剪紙衣服。沙包她是縫給我的，而且我掙扎了幾天，終於也捧便當盒和女生一起交換菜色了。

老媽便當變化萬千，有時炒飯，有時炒麵——對，我媽炒的麵天下第一，至今我老姐遺傳了百分之八十的功力，仍足以獨步武林。……我承認，很久很久以前，我挺娘砲的。

吃完便當滿足地下山，可以走下復興路經過以前的高中，可以往北新庄經過巴拉卡公路旁的于右任墓，可以進陽明山國家公園。對於有段歷史的男人，經歷相當歲月後仍有這麼多的選擇，人生，真好。

••••••••••

高高的女同學在四年級尚未結束的一天下午離開我們，她父母闖進教室帶走她，詳細過程是另一段不清晰的記憶，依稀記得她爸處理的方式，接近暴力，在那個貧窮的年代，很多如今所謂的正義尚待萌芽。

一個星期後我們上課中，不知哪位同學發現她，發出驚呼聲，大家一齊忘記老師的存在，同時望向窗外，她站在操場那頭，手中抱個嬰兒，身後跟兩名三、四歲打赤腳的孩子。

下課鈴才響，我們全跑步衝去，她靦腆介紹：「這是我弟弟妹妹，還有我最小的妹妹。」我站在人群最外面看她和她的弟妹，嗯，美麗應該就是那種樣子。

之後，她沒再回來過。

之後，我甚至想不起她的臉孔。

之後，我仍一直相信世界上真有善良這種東西的存在，像陽光、空氣、水。

回到家老婆問我找回記憶沒？一下子我醒轉，忘記原先要找什麼，不過，我回答：「找到了，而且今天的便當真好吃，以後請比照辦理。」

記憶，絕非流水似連貫的，片段零星的。每次找回不同段落，每次得到不同感受。它未必值錢，卻給我內心滿滿的一天。以後有空，偶爾我會放空自己，看浮出來的是哪段回憶，大部分是不堪的、很糗的、實在不該回憶的，可是也會出現女同學之類的美好。

回憶很有趣，它能隨手扔掉，不是扔進垃圾車的那種扔掉，是扔進電腦桌面的資源回收筒，假裝它不存在，事實上它仍畏縮在某個角落，說不定哪天可以撿回來。至於哪天，就由心情來決定，像飄在水上，陽光穿過枝葉灑在水面與我身體，無論飄到哪裡，都有陽光陪著。

老婆答應會做她拿手的豬排三明治，如果我又要去找記憶的話。多好的出門理由，她不忘叮嚀：「找到記憶很好，也要記得回家。」打開手機的日曆欄目，我在下周四的行事格內填入：爬山、回家。

紅燒肉與赤豆鬆糕的回億

小時候最期待星期日，這天老媽不用上班，一早上菜場，我對她返家時的菜籃充滿好奇與期待，等翻到籃底找出一大塊五花肉，便是滿足的結束。

「高興了？不鬧了？」老媽說。

一上午小廚房內傳出爆蔥、煮肉，乃至於甜甜的醬油味，不待老媽呼喚，我已乖巧懂事手持筷子坐在飯桌旁，看著陶鍋從她手裡移至桌面，看著她以抹布掀開冒蒸氣的鍋蓋，看著煙霧散去後的圓滿人生。

是的，紅燒肉代表成長過程裡某段重要記憶。它的存在一如父母流在我體內的血液，一如櫻花與春天的關係。

紅燒肉無非濃油赤醬，紹興酒絕不能少，最後以冰糖增添光彩。有時加進燉得入味的雞蛋，有時加進墨魚一起燒，若是墨魚，就海陸雙鮮啦。

母親早逝，之後尋找紅燒肉成為我旅程中最重要的部分，得找到又香又嫩又帶些許甜味的紅燒肉——我想，我的靈魂可能在醬油的黑乎乎鍋底，才能得到平靜。

第一次吃到老媽味道是在浙江南潯，二十多年前了吧，國營酒店的餐廳，光氣味我即知道，這就對了。那晚吃的是鹹魚燒肉，整鍋老媽的味道。

朋友知道我非紅燒肉不罷休，上海的老出版人邵敏請我進老克勒餐廳，他整晚只說兩句話：「國立，諾，你就是個老克勒，帶你吃老克勒的菜。」

克勒指的是英語中的衣領，「collar」大意是有點文化與貴氣的上流階級。邵老師客氣，其實我不是老克勒，是老嗑啦，愛吃而已。

第二句，他照樣以「國立，諾」開頭：「你要的紅燒肉。」

上海人關於料理的動詞是「燒」，不講煮飯，講燒飯，光是「燒」，我聯想到當年中山北路二段台北新村內每戶人家傍晚時擺在門口的煤球爐，我家由我負責搧火，火得大、火得旺。燒呀，不燒哪來的晚飯。

問北京人哪家麵館的炸醬麵好吃，百分之九十的老北京人會說：「我姥姥的。」「我嬸嬸的。」「我爸的。」

問上海人哪家餐廳的紅燒肉好吃，老吳直截了當：「哎呀，什麼館子，紅燒肉我燒的最好吃。」

於是我坐進老吳家的飯廳，見到一大鍋紅燒肉朝我面前一擺：「吃，吃不完打包。」

尋找老媽手藝的旅程當中，得到熱量，也得到感情，新的經歷累積在舊的回憶上，一整鍋朋友的熱情。紅燒肉狂的名號傳出去，朋友根本不必費事為我安排餐廳，老盧聽說我要到上海，這麼說：「紅燒肉又來了。」

上海周邊許多小鎮，多年前遊到某個尚不出名的古鎮，一戶人家將爐子放在門口，鍋裡燒著紅燒肉，香得我幾乎想向那家人討塊肉、討碗飯。

強調一下，紅燒肉和東坡肉雖師出同門，但究竟味道不同，前者家常，後者不免透著些要人掏鈔票的貴氣。

⋯⋯⋯⋯

紅燒肉外還有一道我尋尋覓覓、永遠在旅途中追索的菜——赤豆鬆糕。

民國五〇年代的台灣用一個字形容：「窮」？不太對，那時的人雖沒錢進館子，吃的方面並不委屈。應該用這個字形容：「想」。想吃到更好的、想過更好的日子、想到美國去念書。

想吃便當（那時很難買到麵包，也沒有便利超商）、想有五毛錢（買皮球糖或尪仔仙）、想考進大學（文組的錄取率一度僅有百分之二十七）、想有台電視機（寧可不要冰箱）。

班上有位同學過生日，他家裡經濟環境允許超前布署，爸媽買了個蛋糕送到學校，意思是與同學分享。不是現在的鮮奶油蛋糕，是外殼堅硬得若用湯匙敲敲會崩潰的老式海綿蛋糕。我吃到一小塊，覺得簡直人間美味。如今回想，不就是糖分高點、外觀美點。

回家後我意志堅定對母親說，我生日的時候也要蛋糕。

我當然不知道那時台北的西點店以個位數計算，南京西路與中山北路口的「美而廉」，美雖美矣卻未必廉；「莎莉文」的洋貨多，甚至有起司，我媽恐怕不太願意進去花新台幣。

不過我生日那天，她的確做了個大蛋糕，幾個好同學也來分享。白白嫩嫩的蛋糕甚至冒著蒸氣。

母親費了好幾天準備了餡，再準備糯米，以蒸籠蒸出好大個鬆糕。圓的，像蛋糕。鬆軟，像蛋糕。裡面是紅豆沙的餡，甜甜的，像蛋糕，但它絕對不是我期望的蛋糕，於是我指著剛出籠的赤豆鬆糕喊：「那不是蛋糕。」

幸好我同學捧場，個個吃得抹嘴、吸口水。其中一人說：「張媽媽，好好吃喔。」的確好吃，糯米香氣遠勝過麵粉。

我一生最棒的生日蛋糕是那個，不知誰說過，最好的一定藏在記憶裡，而非吊人胃口說什麼在遙遠的未來。

——打個岔，我相信過去，不相信未來——

我媽是廚房內的魔術師，什麼都變得出來，糯米生日蛋糕確定了她的永恆，不論哪種未來，也無法超越母親留下的舌尖上的記憶。

••••••••••••

讀大同中學夜間部時，我養成睡到中午的習慣，這個年紀的男生尤其懶。當我十二點以後醒來，打開電鍋看母親留下午餐，當然得先按下鍵，蒸熱了再吃，可是實在餓得慌也懶得可以，冷的照吃。

這事被她發現，於是在大同電鍋加了水，並且拎著我耳朵到電鍋前說：「諾，就是這個開關，往下一按，半個小時內就有得吃。」

接著她再發現，我照樣連按也懶得按。沒關係，她有的是辦法，她指著電鍋裡的食物說：「下面那碗是飯，上面是鯧魚，蔥、薑都加好，你得按了鍵，魚才蒸得熟，否則就吃生魚。」

那時鯧魚便宜，她知道我愛吃魚，買小的，恰好能放進電鍋。那次開始我終於懂怎麼用電鍋，也吃到熱的中飯。

我媽在我二十八歲那年離世，從此我尋找紅燒肉至今，且明確的知道，最好的一定在記憶裡，而非未來。

尋找匈牙利牛肉燴飯

早年台灣西餐廳的菜單上，幾乎都有幾道如今看不到的「標準」主菜，一是蛋包飯，可想而知是日本文化留在台灣的遺產；另一是酥皮洋蔥湯，小朋友最愛上面那層奶油味重的酥皮；還有匈牙利牛肉燴飯，對上班族而言，午餐的高檔享受。但民國六〇年代，匈牙利牛肉飯怎麼會成為台灣西餐廳的名菜？

第一次吃到匈牙利牛肉燴飯是小學六年級，班上一位同學家裡有錢，假日帶我們去吃西餐，忘記是台北圓環附近的波麗路，還是信義路的中心西餐廳。總之，西餐耶。小孩子喜歡蛋包飯，淋上番茄醬，酸酸甜甜很夠味，配澆了美乃滋的高麗菜絲，飯後的冰紅茶更吸引人，加了糖，也是甜甜的，更別說最後的冰淇淋。

同學幫我點菜，匈牙利牛肉燴飯，哇，滿口牛肉感。

後來我去了匈牙利，到處找匈牙利牛肉燴飯，當然，就像去廣州找廣州炒麵，到福州找福州炒飯，去山東找山東大饅頭，到上海找上海菜飯，當地人只能回以莫名其妙的表情。

喔，我的意思是廣州有海鮮炒麵，沒廣州炒麵；上海本幫菜館子每家都有菜飯，可是不叫上海菜飯，就叫菜飯；山東人的饅頭往往有餡的，不是白白的我們認知的饅頭。

匈牙利的確有燴牛肉，屬於國寶級的民族特色菜，稱為「Goulash」，原意為牧羊人，指牧羊人以肉與蔬菜，添點香料，燉成一鍋菜，可想而知，烹調簡單，滋味豐富。

前後吃了好幾次Goulash，從未失望過，差別只在於有些館子為了賣更好的價錢，以整片牛肉替代碎牛肉，用馬鈴薯做成的麵包取代純麥麵包。匈牙利是農牧國家，東北部的歷史名城伊格爾以出產名為公牛血的葡萄酒著稱。這座城歷經十三世紀蒙古人、十六世紀鄂圖曼土耳其人的攻擊，一度城毀重建。對抗土耳其入侵時，全城壯丁喝飽酒上城禦敵，而公牛血的酒色較濃，沾在鬍子上有如剛啃完活生生的牛，對敵人頗有驚嚇效果。

那時是秋天，伊格爾古城中央的廣場舉辦品酒會，花五歐元買個酒杯可以至每個攤位試喝，其中還有幾攤現烤牛肉、豬肉。回憶匈牙利不靠視覺殘影，靠嗅覺，整個匈牙利香氣撲鼻，至今仍留在我鼻尖。

吃Goulash配公牛血最佳，但Goulash真的是小時候我在台灣吃到的匈牙利燴飯嗎？

⋯⋯⋯⋯

朋友提醒我，匈牙利燴飯和Goulash可能關係不大，倒是和日本的Hayashi rice（ハヤシライス）比較接近。據說Hayashi rice創於十九世紀兵庫縣生野町的礦場（如今是觀光景點稱為生野銀山），一位法國工程師懷念家鄉食物，便以碎牛肉、洋蔥、番茄燉煮出這道菜，與白飯一起吃更妙。

那麼匈牙利燴飯原來是法國菜？

有陣子到日本便想吃「林家拌飯」（ハヤシ的發音是姓氏的「林」）。日本老式的西餐廳也有幾樣名菜：蛋包飯、漢堡排和Hayashi rice，但吃到最好吃的Hayashi rice純屬意外。

旅行原本走走吃吃，吃吃走走，而且我愈來愈相信兩條腿會帶我去適合我的地方……其實我的腳一直跟老婆走。

我要去島根縣看出雲大社，她則要去島根的安來市看足立美術館，為的是橫山大觀。這位橫跨十九與二十世紀的日本畫大師，有幅著名的大畫「屈原」，展於嚴島神社（廣島縣），帶著火山爆發暗紅的背景中，屈原的神態有若下定決心走向死亡。橫山大觀捨棄傳統的線描法，改採沒線描法，因而畫作跳脫限制人物與背景間界限模糊，後來這種技法被稱為「朦朧體」（代表作是東京國立博物館收藏的瀟湘八景）。

橫山嗜酒，尤其愛喝當時廣島三原市的「醉心」日本酒，酒廠老闆山根薰仰慕他，做下可能後悔的決定，同意免費提供酒。那時的酒純賴手工，產量有限，山根禁不住橫山這樣喝法，又不好意思反悔，不過橫山也不想白喝，每年以一幅畫抵酒債，喝到後來山根酒廠竟開設大觀紀念館了。

到了足立美術館方知賺到，展館外面的庭園據說世界排名第一的造景庭園，畫裡畫外都足以令人走到腳痠。距回程公車還有一段時間，便進館內的餐廳，就這樣吃到接近一百分的Hayashi rice。

上桌時有如上弦月，一半白色米飯如月光般的和諧，另一半則是黑暗帝國充滿侵略性的咖啡色燴牛肉，上面描了一筆張大千式的潑墨酸奶，攪拌後準備要吃，赫然發現盤內食物已有了橫山大觀朦朧體的感覺，美術館的食物果然非常美術。

ハヤシライス原名是Hashed beef with rice，是切細的、剁碎的牛肉，和蔬菜燉煮在一起，澆於飯上，有時候燉得夠功夫，吃進嘴嚼不到期待中的牛肉，卻滿滿牛肉香味。

若說Hayashi rice是台灣匈牙利牛肉燴飯的源頭，更像有點徐福帶五百童男童女找仙山那樣，找到日本紀伊半島新宮市的歷史曲折。

日本人吃牛的歷史不長，過去都以米與海產為主，真正開始吃牛是在美國軍艦駛至日本港口要求通商貿易的「黑船事件」後，明治天皇下令開放食肉，並創設接待外賓的鹿鳴館，洋食與洋服一樣成為時尚。接著不到一百年，和牛價格遠高於美牛。

台灣和匈牙利的歷史交流當然不如和日本的，因此台灣的匈牙利牛肉燴飯恐怕比較偏向Hayashi rice，而不那麼匈牙利了。日本融合外來文化的本領很強，像中華料理的拉麵，變成日本代表性食物，早跳脫中華，如今在台灣的氣勢幾乎壓過牛肉麵。天婦羅來自葡萄牙，連名稱也直接音譯，我在葡萄牙第二大城的波圖吃過，覺得可惜少了碗白飯。漢堡來自德國的漢堡，於美國發揚光大，到了日本則精製為餐廳大菜的漢堡排（ハンバーグ），就是單煎的肉餅，不夾在麵包內。

我和老婆旅行喜歡買當地食材，一度為了扛新潟米以致腰部扭傷，有時買太多一時消化不完，某年某月某日老婆翻箱倒櫃說，咦，還有義大利的米，今天晚上吃risotto。我們家不太在意保鮮期限，畢竟食用者的我都早過期了，沒資格挑食物。

和老婆商量能不能重溫Hayashi rice？她提出的條件比馬關條約還複雜，處女座的，講究前提和規則。旅行不是單純的一星期或兩星期，能延長很久，每當我吃到自家做的Hayashi rice總有走在旅途的感覺，豐富。

月台上提鞋的男人與大碗另加

對於日本，我的感情複雜。我父母皆來自南京，母親提過她年輕時因開布莊的老爸身體不好，姐姐顧家，弟弟仍小，她身為老二，便剪短頭髮穿男裝隨堂兄弟冒險，穿過日軍檢查哨到鄰近大城進貨。難以想像個子不高大的母親如何扛著那麼重的布匹，在日軍占領下的江南，穿過一個個城市鄉鎮。

我考大學時是聯招制度，按照成績與所填的志願分發，功課很差，重考一年，所以填志願是從後面往前，輔大之前就只填政大新聞系，沒想到進了輔仁，還是想也想不到的日文系。

放榜那天我媽多層感慨，兒子重考終於有大學念了，應該高興，可是：「你哪個系不好考，偏偏日文系。」

在志願不由人的時代，人得學會遷就時代。

讓我改變對日本看法的是原土洋老師，他來自日本東北大學（仙台），輔仁是教會學校，日本交流協會又與輔大合作，提供交換教授，也就是交流協會提供部分薪資補助來台的日籍教授。原土老師志願來台北，過了好些年離鄉背井的日子。

他視學生為自己孩子，同時也是朋友，有時領我們去校門口對面的柏拉圖咖啡館去上課，他認為這樣學習更輕鬆。他辦公室內下午即飄出咖啡香味，去得早的學生能混上一杯。甚至一度和系辦公室合作「良心傘」，買了幾十把供學生急用。

教我們英文的詩人羅青有次問：「你們系上那個煮咖啡，香遍外語大樓的老師是誰？」

「原土計畫」有些成功，有些失敗，成功的像我從此養成喝咖啡習慣，失敗的則如良心傘，三個月後傘架上空蕩蕩。

——千萬別測試良心，它是儒家美好的夢想，何苦打破——

最成功則是大四時學校教務處展開「點名行動」，要求各系提供上課座位表，不准學生換位子，再派出祕密幹員至各班比對誰缺課。學生當然反應激烈，可是沒有能力對抗強大的威權機構。

有天原土老師的課，點名的又在教室門口鬼鬼祟祟，原土衝出去，用極其深奧卻表達清楚的日文趕走了點名的，從此日文系不再點名。為了支持「原土計畫」，我們想盡辦法不缺課。蹺原土的課，在日文系，已然是品德與誠信問題，千夫所指的罪人。

原土老師關心每個學生，我是系上的混仙，每天晚上忙打工，上課就睡覺。他倒了杯咖啡給我，問：「球桑，你對我上的課有什麼意見？」

我連動詞變化也搞不清，哪來的意見。老師善意問，學生說什麼也得擠出點意見，我就說：「Sensei（老師），和歌和俳句是什麼碗糕？」

是非總因多開口，做人不該「假掰」。接下來他教了十幾堂日本詩歌，從五七五七七的和歌到五七五的俳句，因為是我提出的，就算眼皮撐不住也不敢打瞌睡，那是我大學四年真正上完的日文課。

曾經對他說，其他同學未必對詩有興趣，要是為我一人講詩，不太好意思。原土的回答如今想來值得深思：「班上只要有一個同學有興趣，我就該講。」

ふるいけや　かわずとびこむ　みずのおと

古池　青蛙跳入　水的聲音（作者：松尾芭蕉）

課餘，原土老師也帶學生到西門町的南美或蜂大咖啡店喝咖啡，到桃源街吃牛肉麵，有次他和麵館老闆開玩笑，指牆上價格表說，牛肉麵五十元，牛肉湯麵三十元，我很窮，就吃「大碗另加」的五元吧。

他專攻語音學，經常以同音異義字、中日之間意義不同的漢字開玩笑。輔大日文系畢業生到日本念碩士，許多去東北大學都賴原土老師開的途徑。請學生吃喝一向自掏腰包，學生到了仙台，他也找人關照。從輔大日文系第一屆到第八屆都上過他的課，每回同學會，原土洋始終是話題重心。第八屆以後，原土已經是傳奇。

我們由衷感謝這樣一位老師。

大學畢業多年，聽說交流協會取消交換教授制度了、聽說原土老師回日本了，聽說原土老師結婚了，聽說原土老師過世了。師母將大部分藏書捐贈給輔大日文系，她也來到台北，送我一條老師生前常用的領帶，因為老師曾一再提到我的名字。

那晚回到家，我看著領帶，內心翻滾的是感激、慚愧與了解。

師母講到老師最後那段日子，退休後他們住在東京，離電車站走路約十幾二十分鐘，師母在電視台工作，有時下班較晚，老師總提著一雙鞋站在月台等待，怕師母上班穿的高跟鞋不便行走，帶來平底鞋。雨天老師也提著傘來接她，生活是平靜中的恩愛。

月台上提女鞋的老人，有如電影裡的畫面。一年到頭嘴角叨根煙、滿頭亂髮的原土老師如此浪漫。

之後我偶爾經過桃源街一定進店吃牛肉麵，只是「大碗另加」不見了。到西門町也進南美或蜂大，很少人像原土老師那樣停留在我體內如此長久，彷彿永遠。

有年我和妻子去日本旅行，冬天、下雨、走了很多路，沒有比拉麵更好的晚餐。才點完麵和啤酒，忽然看見牆上貼的菜單與價格木牌上有句漢字頗耐人思量：替玉（Kaedama）。我問「替玉」是什麼？老闆親切地回答，可以加麵。果然，有客人吃完麵，留下大半碗湯，向老闆說「替玉」，另一坨麵便加進他的碗內。

我笑得喘不氣，必須跑到店外大聲笑，把幾十年感情裡某個空隙填補起來那樣瘋狂的笑。愛吃麵有五百個理由，但原土老師留下的「大碗另加」就綽綽有餘，足以義正詞嚴怒吼：我愛吃麵，怎樣。

至今我到日本必吃拉麵，一如在台灣想不出該吃什麼時，直覺反應，一定吃牛肉麵。飲食是種感情，聯繫人生許多原本串不起來的片段。

我愛韓國冷麵、日本烏龍麵、義大利墨魚麵、泰國酸辣麵、重慶小麵、上海蔥油拌麵、廣東海鮮炒麵、北京炸醬麵、以前北投復興中學外面的陽春麵、鼎泰豐的餛飩麵、西安的油潑麵。唯有麵能告訴我：喂，老張，你吃飽了，今晚到此為止。

火星的咖啡館

即使走在台北街頭，我經常不自覺嗅空氣的味道，嗅哪裡傳來咖啡的味。培養我訓練出這種直覺的是小時候鄰居沈伯伯。

他來自上海，與我爸爸同為中央造幣廠的員工，我們兩家共用門口小小一塊空地，五月起晚飯後他會搧著扇子坐在門口，等人找他聊公事、國事、天下事，有時跟我這種小鬼聊點常識。

最初聞到一種香味，不知哪裡傳來的，看到我家的印尼華僑房客在廚房將熱水沖進杯子，我問是什麼？他笑著說：小朋友不能喝。

沈伯伯扮演福爾摩斯，摸摸嘴唇上的鬍子說，「從你形容的香味推測，那是咖啡，你想喝，明天晚上做完功課來，我請你喝。」

第二天晚上他拿個小碟子，上面是個瓷做的小杯子，杯子裡散發的正是勾引我的香味。他說，張小朋友，兩塊方糖可以嗎？

那晚我尿床，尿得——用我媽的說法，漫山遍野。沈伯伯被沈媽媽連續罵了好幾天，不過他還是悄悄朝我眨眼睛：咖啡的味道不賴吧。

想起里斯本巴西人咖啡館前的詩人佩索亞銅像，他戴高帽子翹一條腿，彷彿等待他的咖啡，他也有撮和沈伯伯一樣的小鬍子，我聽到銅像晃晃懸在地面上的鞋子說：小朋友，兩塊方糖？

··········

高中，民國六〇年代初，在西門町的小巷子內，我們抱著書包小心按門鈴，彷彿隨時有人衝來以槍對準我：不准動。

沒人，沒槍。

門後的聲音問：「哪位？」

同學回答：「小屁。」

門開後，得爬很窄很陡峭的水泥樓梯到二樓，再打開一個小門，頓時煙如同霧霾般撲頭蓋臉襲來。這間店經營四項商品：撞球、賓果機、香煙和咖啡。奇怪的組合。我不打球，不玩賓果，我坐到角落機器旁，操作機器的女孩穿紅色短裙、戴比如今五十元銅板還大的白色中空耳環、頭髮燙得像一邊向內捲成倒過來的問號。

她叫莎莎，她問我要不要來杯咖啡。

我和小屁各捧一杯，卑微、緊張，乞丐德性縮著脖子吸烏黑液體看大哥們打賓果、打開侖（編按：球桌沒有袋口的撞球運動），直到有人大喊「條子，閃人。」我們放下杯子從公寓後面跳至一樓巷子，一手扶穩軍訓大盤帽沒命他跑，書包幾乎飛得像飛機的尾翼。

後來有次我問莎莎，咖啡怎麼喝好？莎莎有頭神奇短髮，用水梳得服貼去上學，風一吹再甩甩頭，瞬間爆炸，狂野放學。

「要心情對。」她嚼著口香糖，踩著阿哥哥舞步，左搖，右搖。「想喝咖啡的心情，喝了咖啡會平靜的心情。」莎莎吹出個泡泡，身體繼續的左搖，右搖。我不是很懂她的心情。

想起北海道札幌圓山公園前木造老樓的森彥咖啡館，夏天被樹葉罩得很龍貓氣氛，坐在二樓捧著咖啡看窗外的綠，心情變得很平很平，平得禁不起海鳥觸碰的海面。

••••••••••

大學時期，為了付學費，在松山機場打了三年工，觀光局旅客服務中心夜間櫃台人員，最初仰賴即溶式咖啡陪伴，後來早班與中班的大姐姐們買了咖啡壺放在辦公室，我愛上熱水沖進咖啡粉盒，再變成黑色汁液，滴進透明水壺的過程。

咖啡並不能提我的神，也影響不到我的睡眠，同事說我喝咖啡純屬浪費。提神不重要，咖啡動人之處在於儀式，得磨豆、進機器、看粉與水結合而產生的咖啡。那時我已不再加兩塊方糖，喝黑咖啡比較酷，比較大人。

輔大商學院餐廳賣西式快餐，也有咖啡，蹺課時抱本三島由紀夫的小說，窩在裡面喝咖啡是種氣質，是種浪漫，以上兩者皆需付出代價，重修的代價。無論如何，咖啡使得念書變得輕鬆與優雅，像飛翔時需要雲朵，做夢需要滿天星斗，駛進愛琴海時需要島嶼。

・・・・・・・・・・

一九九幾年的初夏，我坐在愛琴海密克諾斯島的漁港邊，綁花布頭巾老太太倒出我杯中的咖啡渣算命，用英語單字對我說，你生命裡的女人在附近，小心尋找。我呵呵笑，往桌旁一看，伸著長長嘴尖的鸕鶿正對我笑。

老太太再說：你很久以前就喜歡咖啡，很久以後還會。

當記者後，和老SOGO百貨地下二樓的UCC虹吸式咖啡結下緣分，中午先去喝完咖啡看完三份報紙，充滿幹勁跑新聞去。它開張了多少年，我去了多少年，從坐在吧台看報抽著煙等咖啡，到闢了吸煙室，到取消了吸煙室，到縮小了吧台。人來人往，很多熟面孔隨著歲月老去，和我一樣，就是單純坐坐，享受時間從身邊飄逝。真的，看得到時間如煙霧般存在，如晨霧般擺動。當然不會去抓它，抓時間是很笨的行為，我抓的是咖啡杯。

有位美國作家寫的，咖啡是陪伴，當一個人在遠方，有了咖啡即不再寂寞。奧地利的咖啡館華麗、典雅，有如訴說哈布斯堡王朝於一六八三年擊退鄂圖曼土耳其大軍的榮耀。戰後一名波蘭商人於鄂圖曼軍營內發現咖啡豆，開啟了歐洲豐富的咖啡史，令人情不自禁想像炮火中，端著咖啡杯的兩撇翹鬍子鄂圖曼軍官。

勉強計算，戰爭僅兩項好處：交換文化、消滅帝國。

寫作與看書組成我人生的一部分，總會沖一杯咖啡再打開電腦或書，需要它溫暖人心的香氣、入口後湧出的另一股更深層味道。咖啡渣捨不得扔了，留下倒進特別挑的碗內至太陽下曬乾，讓它消失的腳步慢些。

日文裡有組漢字「殘響」，回音的意思，但動詞不同，一用「殘」，一用「回」，咖啡當然是殘，心情一點點的沉澱。

早晨的咖啡喚醒靈魂，下午的咖啡撫平靈魂。我早上幾乎不喝咖啡，讓靈魂慢慢醒來，到下午喝咖啡時，靈魂溫馴得能隨杯內的黑色液體泛動，而後緩慢於「殘」之中不知不覺消失——我老婆常說：不是才起床，怎麼又打瞌睡？

我屬於樹獺類動物，急什麼啊。

工業革命時倫敦賣咖啡小童腳卻急，他們提著小炭爐一早奔波於仍昏暗的石板街道，叫賣現煮咖啡，出門上班或上工的男人付出一枚硬幣換得面對霧霾的勇氣。

……

不太喜歡機器煮的咖啡，它不像該和機器發生關係的植物，它不適合焦慮或過度快樂，殘得像畫家畫海平線，一直一直的畫到紙張的盡頭。

紙張的那一邊，海的那一邊，海明威寫著，男孩從小店買來一杯咖啡對老漁夫桑提亞哥說，你得喝了咖啡再出海。已連續八十四天未捕到一條魚的老人拿起杯子慢慢喝，不受年齡限制的友情，在這杯咖啡裡如漣漪般綻放。

我曾認識一位老人，沈伯伯給了我咖啡，從此它在流動於我的體內，一種溫暖。是啊，透過咖啡，我得到太多的關懷，於是任何朋友找我見面，我總說喝杯咖啡去，談話可以緩慢開始，不急著登上火箭去火星。

火星曾有間咖啡館，在人類望遠鏡看不到的角落。如果沒有，火星有存在的意義嗎，火星不寂寞嗎？我記得火星的那間咖啡館，好長的窗戶，能坐十幾人，用木頭支起玻璃窗，讓來自銀河的冷風吹進來。

沖繩海邊有這樣的一家，但比火星的小。窗前是木頭桌面，坐在高腳椅，拄著桌面，看菊紅的天空會不會突然冒出幾個在半空噗地破掉的大氣泡。

後面的吧台是位瘦高月球男孩，拿彎曲長嘴壺往濾紙內的咖啡粉內，順時鐘或逆時鐘畫圓圈地倒，冒出的熱氣糊了他圓形氧氣罩，於是他抬頭看坐在窗前來自海王星女孩背影。

女孩梳兩條長辮子，白色圓形的帽子突出在今天比較紅的天幕。喔，我坐在女孩隔兩個位子的左邊，也看外面天際線處好幾顆不同顏色的星球，也看到飄起的氣泡，偶爾側頭也看到女孩的辮子。在火星，我有足夠的時間與心情等待咖啡。

是的，火星一定有家這樣的咖啡館，每天上午十一點開門，希望今天的甜點有冥王星來的地獄鬆餅，撒滿脆脆的水星Bling Bling焦糖片。

咖啡適合期待的心情……

就是愛雞蛋

年輕時候看蕭紅的小說《呼蘭河傳》，對其中馮歪嘴子那篇充滿感動，當然得先對馮歪嘴子的人生態度感動，接著還得向那籃雞蛋表達感動。

馮歪嘴子出身不好、模樣不好、運氣不好，所以蕭紅筆下的大多數鄰居都主觀認定這傢伙怎有享受幸福的資格！沒想到他居然娶了個許多男人仰慕的女人。他，一個歪嘴小子，憑什麼？

憑的是愛情，馮歪嘴子既疼老婆，又努力工作，有了錢便買雞蛋替老婆補充蛋白質，「明明家裡已有二三十個雞蛋，他仍想多買些給妻子補身體。」

讀到這裡，我急呀，我心內喊：傻歪嘴子，你不曉得雞蛋貪的是新鮮，和鈔票不一樣，放進銀行三五年也生不出半顆雞蛋的利息。所以，既然有雞蛋，快吃呀。

••••••••••

小時候我家養過雞，先是在我床底下靠盞電燈看著小雞一隻隻從殼內鑽出來，可愛到我捧在手心，牠們掉了根細絨般羽毛，我都大驚小怪喊老媽快來救小雞。每天記得到後院撒飼料，輕柔撫摸每一隻，絕不偏心。雞養大了，我媽便喊，「你去挑雞，殺了燉湯吃晚飯。」她講得輕鬆，我握著菜刀滿院追雞，場面保證美國隊長３Ｄ版。喘著大氣終於逮到雞，用左胳膊夾緊雞身，左手拉直雞脖子，右手伸出刀，卡擦一聲……我喊：「老媽，我割了自己手指頭了。」

那隻雞掙扎許久才斷氣，我虧欠牠。

當初以為小雞會陪我長大，陪我慢慢老去……

好多年因為手指頭的經驗而拒絕吃雞，但對雞蛋卻有股說不出的愛戀。早上先用飼料把母雞們調「雞」離山，再伸手進窩將蛋一顆顆摸出來。還溫的。將蛋交進老媽手裡，她照例問：煎的、炒的？當然得炒的，因為煎的一定是我和老姐一人一顆蛋，炒的就得把兩顆蛋炒在一起，我動作快，下手陰狠，能吃掉三分之二。

炒蛋得炒得似熟不熟、似生不生，仍帶著五分半液體狀的黏乎勁，然後撒下一大把蔥花，起鍋。

裝便當盒帶去學校當午餐的蛋，則非得煎到全熟不可，還得煎得又老又硬，像塊餅。老媽便在煎蛋裡加進蘿蔔乾，澆幾滴醬油，她說，這樣耐吃。

長大後，每天上下班，假日時才有空替自己弄個早餐，當然少不了蛋。在平底鍋加點油，蛋先打在小碗內成了形，再以慢動作倒進鍋去煎，蛋白泛出金黃色澤便得鏟進盤內，對仍揉眼睛才從廁所出來的小女朋友說：「快，剛煎好的蛋，sunny side。」

太陽蛋唬弄女生很有用，小女朋友高興地拍手，她說沒見過這麼漂亮的蛋。對，男人可以窮，不能窮得連蛋都煎得不夠味。

煎太陽蛋有祕訣，是後來另一個女孩教我的，蛋下鍋時得大火，隨即轉成小火，最好再加上鍋蓋燜它一燜——免得剛才的油煎沒把蛋給掛了、給嗝了，再悶死它？

不，燜能使蛋白更熟，蛋黃更有彈性，整體上也就更美麗大方。上海朋友馬可煎蛋會加點熱水，他說熱水蛋更嫩。

‧‧‧‧‧‧‧‧‧‧

去義大利旅行，在佛羅倫斯的但丁之家讀到一則故事：

有天但丁坐在門口沉思，上帝恰好經過，祂問：「但丁呀但丁，世界上什麼東西最好吃？」

但丁想也不想立刻回答：「雞蛋。」

第二年同一天，但丁又坐在門口，上帝再恰好經過，祂問：

「怎樣的雞蛋最好吃？」

但丁也馬上回答：「沾鹽最好吃。」

看完這則故事，我的人生彷彿被敲開了扇窗戶，原來雞蛋還有一種也相當美味的吃法。把蛋在大鍋水內煮熟，熱騰騰握進手中小心剝去殼，再沾點鹽，小口小口吃。對，沾鹽的雞蛋，味道單純，而單純不正是食物最美味之處？一如人生，單純即是幸福。

現在我最愛的早餐是法國土司，就把人生搞得相當複雜了。將土司麵包先浸在蛋液裡，再用牛油煎，吃的時候加點蜂蜜和水果，像是剝了皮的橘子、奇異果，或者切半的草莓……咳咳，不適合配半個大西瓜。

最會做雞蛋大概是日本人，尤其蛋包飯，將蛋煎得半熟不熟蓋在飯上。要不然蛋捲，用個方鐵盒煎，因為受熱程度不同，蛋捲由外往內，因嫩度不同而滋味裡帶著層次。賣鰻魚的喜歡在蛋捲內加鰻魚，愛青菜的加進蔬菜丁，那就更豐富。

有一年生日，在台北的金澤居酒屋吃飯，老闆阿浩得知是我生日，居然進廚房煎出好大個蛋捲，上面插了蠟燭，於是我有了鹹的蛋糕，迄今難忘的生日蛋糕。

西班牙Tapas店也賣蛋餅，圓的小鐵盆內烤了蛋，吃時切成三角狀，也有蛋糕的感覺。西式早餐裡的炒蛋炒得似糊不糊，撒點干貝或培根末混著炒，配上沙拉也是令人滿足的早餐。台北眷村菜的海真私房菜有道嗆蛋，加了辣椒，足以吃上一大碗白飯。

我姐的外孫悠生君完全是日本人習慣，白飯加納豆再打進一顆生蛋，攪呀拌的絕對健康飲食。妻子的外甥在海外念書，疫情期間不出門，早餐煎蛋，午餐炒蛋，晚餐蛋炒飯。

蛋是簡單料理的重心，對付貪得無厭的人生，恰恰好。

••••••••••

二〇一九年寫了小說《炒飯狙擊手》，靈感來自老媽的教誨，她說男人遲早要離家，於是硬教會我炒飯和番茄炒蛋，她說這樣無論去哪裡，不外食也不會餓死。

老媽英明，日後我見韓式石鍋拌飯，一定要求上面鋪枚半熟的荷包蛋，老婆做的臘味飯必加荷包蛋，吃時戳破蛋黃拌著飯吃，總想起老媽。母親的嘮叨讓子女受惠一輩子。

又想起老媽常掛在嘴邊的一則故事，關於江洋大盜與他的母親：

大盜年輕時即離家，到處犯案被通緝，日子過得顛沛流離，有天遇見算命的，大刀往人家脖子上一架，吼道：「為什麼從沒人關心我、愛我？」

算命的戰戰兢兢卜了一卦：「有個人愛你，愛你一輩子，不論你是好是壞，她愛你不渝。」

大盜好奇了：「這人在哪裡？」

算命的再卜一卦：「此人反穿衣倒趿鞋，你遇到就知道。」

天底下哪有人反穿衣倒趿鞋的？大盜本想宰了唬弄他的算命師，總算臨時天良閃現放下刀。

大盜繼續流亡，官兵幾乎踩著他腳印追來。慌不擇路，大盜鑽過樹林、翻過荒山，不知不覺竟到了家門口，他用刀柄擂家門喊：

「開門，快開門。」

屋內的母親早上床睡覺，一聽，是十多年不知音信的兒子，興奮得下床開門，黑暗裡順手抓了件衣服往身上披，腳指頭往地面觸到鞋子便穿，她點起燈打開門，果然是兒子，而門外的大盜見到開門的母親反穿了衣服，也反穿了鞋子，才終於明白算命先生說的果然是真的，世界上有一個人永遠愛他。

番茄炒蛋、蛋炒飯，老媽的教誨。雞蛋，代表的是幸福。

所以當我坐在佛羅倫斯但丁之家門前，上帝也恰好經過。

他問我：「張國立，你幸福嗎？」

我姓張，不姓福——不，好吧，暫時忘記祖先，上帝啊，謝謝你賜我老媽，我幸福。

牛肉必須搭配白飯

美國二十世紀初的自然主義小說家傑克．倫敦寫過許多經典，例如《海狼》、《野性的呼喚》。短篇小說也厲害，其中一則《一塊牛排》講述一名過氣拳擊手下午去比賽，如果贏了，說不定能延續拳擊生命，贏得獎金，因而對妻子說他需要一塊牛排，可是家裡沒錢，他沒吃到牛排，還得走一段很長的路去比賽場地。

他輸了，不過他認為自己能贏，如果有一塊牛排的話。

大學時讀的小說，對牛排充滿精力來源的想像，曾對妻子提過這個故事說明我需要牛肉的原因，她回答：「你什麼開始打拳的，我怎麼不曉得？」

她沒聽懂，還是故意？

⋯⋯⋯⋯

回到牛肉和走路。

我是遺腹子，母親守寡，在中央造幣廠當工友養大一女一子。那時造幣廠在台北圓山附近的大龍峒，她有個小小房間、水龍頭、好大的鋁盆，負責清洗廠內所有的毛巾與布織品，包括沉重到可怕的沙發套。後來調至福利社，裡面有個小書庫，供員工借閱。我放學去找她，看書成為等她下班時的消遣，養成後來什麼書都看的雜食習慣。

大約小學三年級，一周有兩三天只上半天課，她每次給我一張公車票，放學搭公車到大龍峒找她。那天的車票不見了，這並不罕見，十歲大的小男生沒掉書包就算人生及格（我還真的掉了兩次）。

沒車票，好吧，走去。

當時念的是吉林路靠近長安東路的長安國小，順新生北路一直往北就是圓山，沒什麼大不了。因為走路，遲到約一個小時，她站在工廠門口等我，表情像關公聽說孫權想娶他女兒那樣憤怒。

我說車票掉了，記得她抱著我哭好久，說應該給我零用錢。

本來該挨打，變成她對不起我，從此有零用錢，大逆轉的關鍵在於我走路。從此養成走路習慣，到哪裡都走，有陣子去上海採訪，和同事小馬從上海外灘走回衡山賓館，為報社省車錢，可惜老闆沒抱我們哭。

那天晚上她慰勞我走路辛勞，炒牛肉，青椒肉絲，畢竟民國五〇年代，牛肉是高價食材，炒肉絲等於過年過節。我挑牛肉，不吃青椒。

老姐照樣對她告狀：「妳看他，又只吃牛肉絲。」

我老姐的青少年歲月倍受弟弟折磨，我倆吃飯的個性相反，如果晚飯有炸排骨，我一定先吃完排骨再說，她則把排骨留到最後再吃。我吃完自己那塊排骨，情不自禁夾起她的排骨就啃。

她當然喚老媽：「妳看他，又吃我的。」

我從小壞到骨子裡，我回老媽：「我以為她不吃，幫她吃。」

喔，青椒肉絲是對牛肉的啟蒙，如今誰的青椒牛肉絲炒得最好？我老姐。一定從小積恨而臥薪嘗膽，乃至於練出自己餵自己的手藝，彌補被偷竊的陳年遺憾。

好吃的青椒牛肉絲和豆乾肉絲手法一樣：得切得細，「絲」嘛，要是不夠細，豈不成了青椒牛柳、豆乾肉排。

●●●●●●●●●●●

京都是吃牛肉的好地方，位於神戶牛、近江牛（滋賀縣）、松阪牛（三重縣）三大和牛產地的中間。

年輕時到京都豪邁吃三嶋亭的壽喜燒，大片霜降和牛肉與洋蔥、豆腐一起在醬油與白糖裡彈跳，甜味裡又吃得出鹹味，最後是白飯，能吃得人仰馬翻，像張飛當縣官，吃飽就想睡覺。

一大口肉片，一大口白飯，據說是吃壽喜燒的訣竅所在。

和妻子傍晚逛京都二条城，出來後找地方吃晚飯，恰好街邊有家看起來美式速食餐廳的銀次郎，主打牛排，走走吃吃，不必想太多。

果然很牛，服務生送來菜單與一張牛的解剖圖，特別標明今天提供哪幾個部位的肉，信手點了，當思考該吃哪種麵包時，忽然想到壽喜燒，直覺的問：「有白飯嗎？」

一定有，日本人吃什麼都能配白飯。例如納豆蓋飯、拉麵配白飯，連煎餃也配白飯。後來我頗認同澱粉配澱粉的吃法，過癮。

牛排配白飯，吃得有如趙子龍百萬軍中救阿斗，根本喘不過氣來。就這樣養成另一習慣，進了餐廳有點惹人厭：

「先生，您的牛排幾分熟？」

「三分。」

「您的side dish要？我們有薯條、薯泥、薯餅、薯球，您要不要試試看。」

「白飯，大碗！」

法國菜裡有道韃靼牛肉（Tartare），生牛肉配上一枚雞蛋和其他配菜，風味即使很難得到一致性的讚美，起碼特殊，很多人吃不慣，可是如果有白飯，我絕對可以從韃靼吃到匈奴。

牛肉和生蛋拌勻，加點碎磨菇、蔥末、蒜末的，最後滴點醬油，然後鋪在飯上做成不三不四的蓋飯，哈，吃得過癮。唯一遺憾的，在歐洲館子裡想討碗白飯，只能幻想。

現在有時老婆不在家，自己弄晚飯，逛到全聯挑塊牛肉，不必太講究，不過根據經驗，牛小排或紐約客最好。以胡椒和鹽醃過，下鍋煎到表面略焦，用錫箔紙包了靜置一陣子，至於一陣是多久，端視我飢餓程度。切片撒點芝麻，沾點山葵哇沙比，又是兩碗白飯。吃得像劉備在成都當漢朝皇帝，雖然格局小，好歹是個皇帝。

老婆不在，男人自己過過小日子，也還勉強。現在我愛吃青椒，即使不炒牛肉絲，看到青椒自然滿口牛肉味。

小時候看到書上有則故事，說某戶人家窮，沒錢買菜，飯桌中間擺隻木鴨，用視覺和想像力配飯。為了進一步增加食慾，該戶家長於木鴨上滴了兩滴珍貴的醬油，筷子往木鴨上沾了醬油再抹於飯上，聽說風味奇佳。

當老媽聽我說了這則故事，她毫不感動，冷靜而且理智地問：

「哪一個牌子的醬油？」

嗯，老媽，妳瞭，妳酷。

饅頭與肉桂麵包

連續的晴天與氣溫上升，感覺春天悄悄溜了，而夏天近了。

我是周圍少數喜歡夏天的人，夏天氣喘病不發作、夏天能盡情流汗、夏天可以穿短褲、夏天是游泳季節，然後可能某種歷史因素，想起饅頭。

小時候的家包圍在幾百戶退伍軍人搭的違章建築中間，都是用簡單磚塊與木片搭起，這邊幾錘、那邊幾榔頭的不規則房子，慢慢形成都市內異形聚落。

巷子狹窄彎曲，也因為家裡多沒有衛浴設備，都使用公共廁所，小孩子便在巷弄內的大鋁盆內洗澡。每到黃昏尤其熱鬧，父母在門口用煤球爐燒晚飯，孩子洗澡兼玩水，幾名老爸湊一起下象棋。

戰爭關係，不少退伍軍人缺腿缺胳膊，但依然得想法子討生活，記憶最深刻的是個身高恐怕在一米九以上的瘦高中年男人，他在接近黃昏時騎著輛大腳踏車，用山東話叫賣包子、饅頭。

既然個子高，他的車子也高，後座綁著個印著英文的美軍彈藥箱，用裁剪後的小棉被罩住，保持饅頭的熱度。他的饅頭，呼，又香又有嚼感，掰開後一層層蒸得鬆軟的白麵，只要口袋內有零錢，我總會坐在巷口等著他的車子到來。

老軍人不僅缺一條腿，還少了條胳膊，但他照樣將車子騎得俐落，見到我便停下車，幼小的我仰起臉看著他的後座，等他掀起棉被，等他取出饅頭。等待的不僅是枚饅頭，等待的是心靈的滿足。

有天他停下車，用剩下的那隻胳膊把我抱在後座上方，要我自己掀開棉被，自己挑枚饅頭。當棉被才掀出一角，那股麵香的熱氣轟地罩住我整張臉，只屬於某個年代的幸福把我包得牢牢的，彷彿永遠不會散去。

因為開馬路，違建被拆除，住在那裡的退伍軍人與家眷聽說有的遷到南機場新建國民住宅，有的散進台北市各個角落，已經念中學的我，一有機會忍不住到處尋找記憶中的饅頭。終於在南京東路上找到，他仍一手握腳踏車龍頭頭，一腳踩踏板，喊著：「包子，饅頭」。

不知什麼時候老兵不見了，不知什麼時候我竟然由饅頭改吃起麵包。

接著我想起肉桂麵包，很多糖漿，加了肉桂粉，散發出濃烈氣味的一種麵包捲。離饅頭很多年很多年以後的夏天，我窩在海邊一戶民宅二樓，寫一本關於心靈偵探的小說。成天一條短褲配背心和拖鞋，鬍子不刮，頭髮不剪，一度驚動當地警察專程探視我。

我們倆坐在陽台，將腳翹在欄杆喝著咖啡。

小警員這麼勸我：「張先生，您若是鬍子刮了，說不定還很帥。」

哎，他不懂老男人想墮落、想流浪，甚至想偶爾自我放逐一下的……自在的爽勁。

寫作大多在黑夜裡進行，睡到管他日上幾竿，不自然醒不行。有天忽然聽到音樂聲，探頭看出去，是輛小貨車，將後座貨艙的帆布蓬捲起，出現一格格麵包架，車尾還有檯義式咖啡機。

正好沒吃早飯也沒吃中飯，我拖著懶得快被太陽曬融化了的步子過去，挑了個麵包，再點杯咖啡。我對賣麵包的中年男子說，他不該放Bread合唱團的歌，因為他們的歌和麵包半點關係也沒有。

他聳聳肩這麼說：「無所謂，我高興就好。」

買了兩個星期成為熟客，我問他做不做肉桂麵包？

他皺起眉頭想了片刻才回答：「好，肉桂麵包。」

幾天後的傍晚我搬了兩把摺疊椅，和他坐在海邊吃著幾乎滴下糖漿的肉桂麵包，配濃得能殺死瞌睡蟲的double espresso。他做了三大烤盤肉桂麵包，五十個，五分鐘內被搶光，可能和我幫忙吆喝叫賣有關。

半個暑假便在肉桂麵包中結束，寫完小說我要回台北了，他放下帆布篷，我們握了握手，彼此相約第二年夏天再到海邊。

第二年我沒去，在日本某個聞得到海水鹹味的山裡想念肉桂麵包，我確定他仍到處流浪賣麵包，他愛自由。說不定哪年再相遇，然後兩個人坐下嚼麵包望著太平洋……對，那時我會告訴他老兵與饅頭的故事，告訴他那饅頭撕開後有多少層的白花花的麵心，吃進嘴有多大的滿足。

如果他問：「大哥，你到底愛山東饅頭還是肉桂麵包？」

我早想好答案：「咱們早睡早起，早上吃饅頭，傍晚吃你的麵包。」

他一定照例笑得連臼齒都閃在夕陽金黃的光芒裡。

人生裡的偶然，是件值得收藏進靈魂的好東西。

輯·2

時間之味

單身或者有伴，牛排或是地瓜稀飯
看似微不足道的S，卻能使沙漠都幸福起來

自己吃自己

男人最珍貴的一段歲月是單身期，不過因為大部分男人一旦單身，會喪失生活的重心，明顯的症狀大概有：

寂寞——不知該如何面對突然空出的時間，為此，不少人沈溺於酒精之中。

混亂——開始懶得整理住處、開始以便利商店食物打發三餐、開始不刮鬍子不換襯衫。

焦慮——見到女人就想追，見不到女人，則四處拜託諸親好友幫忙介紹女友，然後三更半夜上網，流連於中年交友與色情網站之間。

其實這時，男人應該學會定心養性，建立自己的生活節奏。之所以有此覺悟，是因為我經歷過寂寞、混亂與焦慮。

那時住在台北近郊的山上，下班回家要開一個多小時的車，很多朋友擔心我自閉，而我一個人的享受，很難對他們說明清楚，於是某天我邀請三個傢伙來家吃飯，那是夏天，我研究了食譜好幾天，做出三菜一湯，分別是涼拌橄欖番茄、奶油煎鮭魚、青醬義大利麵、芹菜涼湯。

其中涼湯前一晚先做好，進冰箱冰，而涼拌橄欖蕃茄也可以先做好，朋友來了，配麵包與紅酒，免得他們窮嚷肚子餓，影響我做菜的情緒。青醬麵的青醬也可以先做好，因此我只需當場煎鮭魚，再煮個麵罷了。

那天吃得他們渾身大汗，哈，因為我對冷氣過敏，家裡沒有空調，而住在頂樓，當然晒得夠嗆，不過他們對我做的菜倒是沒有惡評，也從此不再囉嗦什麼「我看你快發霉囉」、「性生活不平衡，引發糖尿病」之類的刺激性語言。

一個人過日子是種幸福，廚房全由我掌控，有三個烤箱（烤土司的、烤魚的與烤甜點的），所有鍋碗都是我挑的。沒事到台北逛街，不買衣服不買鞋，往超市裡找食材，或看看有什麼新的鍋子、盤子。

慢慢，為了安排這些新添的東西，得調整傢俱，能夠組裝的，絕不找木工。一來受不了木工造成家裡三年都清理不乾淨的灰屑，二來做釘死的傢俱，容易潮濕或長蟲子。換傢俱之後，房內的色彩也隨之得調整，就自己抽空分段油漆吧。油漆是室內裝潢較簡單的部分，需要的是油漆、刷子與心情而已。

單身漢的雜事多，那時我在《時報周刊》上班，一周五天得工作到半夜，只有周三出刊那天能早點下班，於是每周三我必於中午抽空買好菜，想盡辦法在五點以前離開公司，躲開下班的車潮，若能在六點趕回家，還能端杯酒看一個小時的落日。

一個人多清爽呀，不必在意別人的時間，不必理會別人的情緒，離開辦公室，這個星球炸了都與我無關。

也有墮落的時候，像過年，除夕到初三的四天，二話不說，每天錄影帶配自己燉煮的佛跳牆，把《星際大戰》、《回到未來》，甚至傑克．李蒙與華特．馬修演的喜劇全部看一遍。

我的心得是，最適合跨年的是卡萊．葛倫演的黑白愛情片，最適合喝得半醉的是彼得．謝勒或布魯斯．威利演的任何一部片子，懷念歷任女友最適合看的是宮崎駿的每一部，要是天亮還沒睡著，就看金庸小說改編的電影。若是到中午還在嗨，嘿嘿，沒有什麼好說，看黑白戰爭片《最長的一日》，片長三個多小時。

男人終其一生，唯單身，才能享受相當的自由。

這段時間不宜太長，我的意思是不宜長達二十年，那就徹底頹廢了；不宜太短，否則還調整不出自己的獨身生活節奏便結束，太可惜。五年，五年最佳，前兩年調整，後兩年享受，第五年則要經常出門去尋找伴侶，並融入彼此現有的節奏，進而琴瑟和鳴。

單身漢麻煩的是吃飯，中式的餐廳不太習慣接待單身客人，就更得自己下廚，如何餵飽且餵得滿足是排名第一的工作，義大利麵最佳，僅蒜片、辣椒在橄欖油裡炒得半焦，拌進麵即好吃。其次是牛肉，先炒牛肉，進鍋與佐料一起煮，再送進慢鍋由它燜，下班回來煮把青菜，要是來不及煮飯，麵條亦可。

餵自己不見得費事，冰箱內經常要有蔥、蛋、青菜即可，大不了蛋炒飯，若能炒出一盤好飯，滋味勝過五菜一湯。蛋炒飯有如太極拳，師出同門，但打法各異。有的主張先炒蛋再炒飯，有的堅持先炒飯再下蛋。我老媽曾說出好吃的精髓是「油」。

因此炒飯——油要下得夠。

一個人還得養成逛街的旅行心情，我曾經迷上廚具區，尤其是打折的。一度迷上菜市場，室內設計大師關傳庸就是菜市場專家，什麼季節去哪個市場能買到什麼菜，他像Google Map。

他做一道菜讓我想起老媽的味道「他菇菜燒豆腐」。他菇菜長得像朵大號的花，煎過豆腐後，他炒菇菜再將豆腐加進去，主要佐料是薑絲與鹽。買不到他菇菜，我改用黑葉白菜，口感差不多。

一般來說單身者兩種極端，吃的比較健康，不然吃得非常不健康，後者指的是靠外賣食物過活的。

若是一個人旅行，坦白說很寂寞，卻又很輕鬆，千萬別跑行程，慢慢的逛。告訴你們一個祕密，要是沒結婚又不談戀愛，省下來的時間夠你逛的——若是已婚像我，一切聽老婆的也很省時間，省下的時間夠她逛的……

以前的老人家愛催子女結婚，現在好多了，不過還是有，有個年輕女生在年夜飯嗆念她不結婚的姑姑：「我不想結婚，而且我很快樂。」

有些長輩就是欠嗆——啊，我也是長輩了，不過我從不催晚輩結婚，我會提醒他們，既然單身，就別浪費時間，好好過單身的日子。

這麼計算，單身到六十歲，享受三十年一個人的生活，晚年無伴，有點無奈。若為晚年的二十年有伴，得損失前面的三十年。公平的，看怎麼算而已。

懷念單身的日子，可是我每天珍惜現在結婚的日子。
懷念很重要，人可以不在意未來，不能沒有回憶。

西門慶與潘金蓮的那餐飯

古典文學裡最挑情的場面，當屬《金瓶梅》裡〈赴巫山潘氏幽歡〉這一章節。邊吃飯，西門慶與潘金蓮相互以動作暗示正持續高漲的情慾。同時，這也是小說史上最著名的一餐飯。

那是冬天，下著大雪，潘金蓮原本期待與小舅子武松發展一段乾柴烈火的戀情。武松，打虎英雄，古書裡打老虎的英雄並不多，除三害的周處是一個，揮斧頭為母報仇砍死老虎一家的黑旋風李逵是一個。神射手李廣射中老虎，不過那是眼花，射的是石頭。

《金瓶梅》寫潘金蓮在家中望穿秋水的等武松回家，好不容易看見武松「踏著那亂瓊碎玉歸來」。武松是粗人，走起路當然不像演〇〇七的皮爾斯·布洛斯南，一手插褲袋、跨步不會讓褲子起絲毫皺紋。武松大步，踼得雪花飛揚，夠MAN。

雖然不讀書，武松深切了解儒家的教條，兄長之妻豈可戲，不為潘金蓮挑逗而動情，反搬了行李住進衙門，免得與嫂子在家男女授受不親。既然武松不賞臉，潘金蓮只好另尋目標，西門慶經過見到屋內的潘金蓮，驚為天人，決定設法一親芳澤。

買通鄰居王婆牽線，西門慶與潘金蓮在小樓見面，西門大官人有錢，拿了銀子要王婆買些菜回來下酒，邊喝邊吃，邊調情。潘金蓮率先發動攻勢，她撒嬌、裝可愛，一下子低頭摸裙子，一下子咬袖口，有事沒事瞄西門慶兩眼。

西門慶當然懂意思，連我都懂，女人咬袖子？她還在奶嘴時期啊！這麼冷的天氣，西門慶脫下罩在外面的綠紗褶子，請潘金蓮順手往王婆床上擱。

疑點1：零下的氣溫，換成我，大衣加外套，恨不能裹棉被，西門慶耍帥，穿絲織的小外衣，為了風度，不顧溫度，不怕感冒打噴嚏？

疑點2：好吧，也許屋內火爐燒得旺，乾且熱，讓西門慶脫吧，可是他不能自己將衣服放到床上，偏要潘金蓮「順便」？

果然潘金蓮說：你沒手沒腳，自己不會放？同時潘金蓮繼續咬袖口。女人的嘴一向充滿性暗示，因而我大膽猜測，她可能將袖口又咬又嚼還吸，搞得一袖子口水。她還停留在嬰兒圍兜期啊！

綠紗褶子得解決，既然潘金蓮不肯代勞，西門慶只好「伸手隔桌子搭到床炕上去」。再推測，若室內擺設由北往南，北邊的牆邊是床，然後是潘金蓮的座位、桌子、西門慶的座位。西門慶得一手握褶子，伸過桌面，擦過潘金蓮左手，才能將衣服搭到床炕上去。

挺費事的，換成我，往床上一扔不就成了，衣服又不是鉛球，不會手肘受傷。

西門慶不扔，有其用心，因為這樣才可以用褶子或自己的衣袖就勢將桌面上的筷子掃到地面。筷子落地不是什麼了不起的事，一般我們喊：「服務生，請再給我一雙筷子」。或者像我，撿起筷子往衣服上抹抹算消毒。

西門慶的陰謀是：誰撿那支筷子？

他假裝找筷子，潘金蓮這回不咬袖口了，她踢踢掉落的筷子說：這不是你的筷子嗎？

一般我們不會踢別人掉落的筷子，不禮貌，潘金蓮卻踢，而且西門慶不在意，他恍然大悟拍後腦殼說：親愛的筷子，原來在這裡。

說著，西門慶彎身撿筷子——小說裡沒交代他撿起筷子沒，只寫他朝潘金蓮的繡花鞋頭一捏。

我們清楚握手是種禮節，握腳則絕對不是——我想想，對，除了腳底按摩的師傅，男人握女人的腳只一個狀況，做愛做到高潮時，抓起女人的腳既親又咬再啃，情慾使男人忘記衛生問題。於是當西門慶握住潘金蓮的腳，沒被踹翻，兩人便理所當然的上床。

女人的腳，徹底性慾。

接著書裡這麼描寫兩人做愛的奮力程度：「羞雲怯雨，搓揉的萬種妖嬈。」不能不誇，搓與揉的兩個動詞用得恰到好處，用在洗衣服上，更佳；用在做麵糰準備包餃子，也不錯。

回到這餐飯，潘金蓮嫁的老公武大郎是賣炊餅的，炊餅就是饅頭，若在廣東賣饅頭，也許物以稀為貴，山東，哈，哪家不吃饅頭，可以推想賣的店家一定很多，競爭激烈，不可能賣出好價錢。

武家，窮。

再看當初潘金蓮勾引武松，於屋中生了火取暖，並備了酒與「煮熟菜蔬」。菜蔬，沒有肉，更沒有武松在景陽崗打虎前於小店內吃的兩、三斤「熟牛肉」。相較，西門慶勾引潘金蓮闊氣多了，叫王婆買來「肥鵝燒鴨，熟肉鮮鮓」。

故事發生地點是山東西部的東平縣，沒有海鮮，可是靠近東平湖，有河鮮，不過大冷天能買到鮮魚，顯然所費不貲。「鮓」是經過醃製卻不曾經過火的魚肉，被視為日本壽司的前身。天冷買不到現釣的魚，不過有醃過再曬過的一夜干。

以肥鵝燒鴨，外加熟肉與一夜干，款待平日吃饅頭與青菜的潘金蓮，意義與今天開超跑接平日騎小噗噗上下班的女生相當，即使不揪心，多少總有些動心。

以下是我的感想：

一、請女朋友吃飯千萬別小氣，沒聽說哪個女人吃了麥當勞而春心大動。

二、要吃得有情調，例如紅酒、小牛排，要是換成滷肉飯和啤酒，雖然腸胃更滿足，卻絕對和床發展不出關係。

三、女人的腳的確屬於豐富想像力的範圍，還是先洗洗再握較好，免得萬一腳臭破壞氣氛。還有，男人的腳沒半點想像力，請男人不必與陌生女人見面即冒險伸腳過去問：初次見面，敝姓張，請多指教。

四、經過西門慶測試，筷子可列入情趣用品之列。

•••••••••••

我愛饅頭，想像雪花紛飛的傍晚，武大郎縮在某戶人家屋簷下，不時搧兩下面前擔子裡的炭爐，保持炊餅的溫度。

掀起斗蓬一角，左手按劍柄，我踢起雪花走到擔子前，「炊餅，兩個。」站在雪地掰開仍冒熱氣的炊餅，將鼻子埋進其間。

武大郎，別為你的身材和生計自卑，很多人妄想你妻子潘金蓮，但也有懷念你拿手絕活饅頭的這種人。

房子會說話

美國著名的推理小說家傑佛瑞．迪佛（Jeffery Deaver）在他的小說裡曾說房子有聲音：「每個房子都有自己的聲音，有些房子會笑，有些房子落寞。雖然這一間乾淨又很有現代感，而且《國家地理雜誌》按期數擺得整整齊齊，但還是讓人感覺落寞。」

我認識的一個女人曾經這麼對我說：「看房子能看出個性，尤其你們男人的。像你的，標準書呆子房，全是書，而且不擺好，不懂享受，生活低能。」

那時我住在市郊的一座小山丘上，開車到台北市區要一個小時，不過樓高，傍晚時捧杯咖啡坐在陽台能見到山坳裡淡淡薄薄的煙嵐，聽著山下小學放學敲響的鐘聲。

請她也坐在陽台，我煮了咖啡，還備上餅乾兩片，她又說：「除了書呆子，你還很自以為是，你好像把自己安排得很好，其實呀，我看得出你很寂寞，想找個女人對不對？」

廢話，要不然我發神經病請她來，還得侍候她茶水。

「很難找——你這咖啡怎麼燒的？咖啡豆是搶來的，不要錢？這麼濃，想我晚上失眠。」她說，「很難找到女人，誰願意跑這麼遠來陪你，一屋子書到處堆，她的化妝品和衣服要放哪裡？」

不，她猜錯了，我住在山裡，找女人來，存心想謀殺女人，朝山下一扔了事——我沒說，乖乖低頭喝我的咖啡，嗯，是有點濃，卻也不至於到要命的程度。

和那個女人後來沒結果，她該慶幸，我該燒香拜佛，感謝列祖列宗保庇。不過之後我的確費了番功夫整理屋子，把書排列整齊，大學時念的英文原版書又厚又重，可以當茶几腳，上面放塊木板，鋪塊桌巾，很有書的味道。其他的書疊疊也能當凳子，順便讓人更親近書。

第二個來到山上的女人就不再東挑西挑，誇我的咖啡好喝，誇我臨時惡補學來的咖哩飯辣而不嗆，誇我生活有自己的格調，然後她沒下山回家，然後她常來我那兒，然後我想盡辦法送她回去，然後我給電話裝上答錄機，然後我總說不在家，然後有天在某個派對上遇到她，老遠便聽到她當著在場所有的人吼：「死老張，你不是出國了嗎！」

··········

講離題，之後我仔細觀察，每個女人都能從男人的住處聞到味道，並且幾乎立即發覺這男人適不適合她。

朋友比利單身，有點錢，在市區弄了間很大的舊公寓，重新改裝後，特別在門口放了很大很大的紅色高跟鞋。一夥人去他家吃飯，朋友茱麗才到門前便一聲冷笑：「自戀狂，他以為是誰呀，擺高跟鞋意思是我名花有主，不用動我腦筋。哪個女人那麼倒霉看上他唷。」

從來不明白一隻鞋能讓女人產生蝴蝶效應，不過是隻鞋罷了。

倪克住在頂樓，上面加蓋了間玻璃房，除了必要的梁柱外，連隔間也用玻璃，這樣使空間變得很大，也很好玩，但也因此必須減少傢俱數量，免得破壞玻璃營造出的效果，我們去只能席地而坐。倪克陪我們聊天，他女朋友則忙著煮咖啡、烤蛋糕。

這回不用女人說，我也分析得出來，這個臭雅痞倪克顯然只在乎表面，毫不考慮實際痛苦，誰嫁給他誰累死。理由如下：

一、原本就熱，還用玻璃，隔不了熱，到了夏天屋內豈不成蒸籠。

二、我上個廁所撞了三次頭，玻璃上也不貼個「當心玻璃」之類的警示語，這不存心整人嘛。

三、颱風來，擋得了風，擋得了雨嗎？

他女朋友見我又撞上玻璃門，好心替我找膠帶貼貼傷口，兩人順便聊。我問她喜歡倪克的房子嗎？以為她光想到擦玻璃就惡從膽邊生的要剁了倪克。

不料她滿臉微笑說：「喜歡呀，跟他一樣，完全孩子個性，連房子也搞成玩具似的。男人就要童心未泯，才可愛。」

喔，搞半天女人的看法和我徹底相反？或我僅是單純遇上個渾身上下全是無處發洩母性愛的女人而已？

一身汗水離開倪克家，跟小李回他家喝杯水聊聊，我就把剛才的對話講了講，沒想到小李神情變得緊張，叫我自己去冰箱拿啤酒，他忙得很，移沙發搬花瓶，還以為他突然間對蟑螂宣戰。

幫他把兩幅快發霉的中國字書掛上牆，我問他：「怎麼了，莫非老爸要來突擊檢查？」

「我老爸才不管我怎麼弄房子，」小李抓起汗衫下擺當扇子，「是小貝，你上次見過那個腿很漂亮的中學老師，晚上我請她來吃飯。」

那和重新擺設傢俱、掛字畫有什麼關係？

「你不知道，她大學念國文系，她老爸還是教授，要是見到我屋內塑膠管茶几、鐵棍鑄的屏風、牆上後現代的裸女像，八成會有意見。」

所以他得把房子整成殷墟、清朝皇帝陵的味道，沙發上堆幾本《論語》、《古文觀止》好騙女人？

「哪叫騙，營造環境和氛圍罷了。」

明白，難怪女人婚後喜歡在家到處掛結婚照，意味著：

一、告訴所有訪客，我們夫妻恩愛？

二、告訴所有她不喜歡卻恰好是我朋友的女性訪客，以後少來？

三、省掉壁紙的錢？

選擇題，請三選一。另外請記得，房子會說話。

廚房的意義

吃飯絕對不僅是一種行為或動作而已，應該屬於一種儀式。

義大利著名的新寫實主義小說家艾伯特·莫拉維亞在他的短篇小說中曾寫到一段關於全家人一起吃飯的故事叫《熱天的玩笑》，在此引用其中部分描寫：

故事的開始是某位先生於大熱天回到家裡吃飯，當時還有父母、妻子、妻子的弟弟（小舅子）、妻子的妹妹（小姨子）、小女兒，一家大小全聚在餐桌，而負責做晚飯的則是妻子。

可是才開動沒多久，夫妻兩個便先吵起來，吵的主要原因是天氣太熱而屋內的人太多，不免心情浮燥。

這時先生的說法是：「和我太太吵架是因為肉湯煮得太鹹，也滾太爛了的關係；和我的小舅子吵架是因為他站在我太太那邊，所以我認為他沒有權利遊手好閒，還要我供養；和我小姨子吵架是因為她站在我這邊，她愛上了我，所以故意討好我，這讓我很厭煩。」

夫妻每天相處在一起，因此相互都是最容易吵架的對象，而且一吵，往往兩個家族都會扯進去，最明顯的是小舅子，他會對姐夫惡吼吼的說：「你是什麼東西，憑什麼罵我姐姐，來，給我出來，老子剁了你。」

做姐夫的更氣，平常小舅子有事沒事就來串門子，和他姐姐說長道短，如今明明只是夫妻間的小衝突，給小舅子一摻和，變得很像爆發第三次世界大戰似的。

至於老婆的妹妹則站在姐夫這邊比較不尋常，但有時姐妹的感情不那麼融洽，也會覺得姐姐老爬到姐夫頭上，她看不過去的也攪進戰團來。

當四個人吵成一團時，老人家講話了，兒子從小被寵大，不免又和老爸老媽吵起來，場面更形混亂：「和我媽吵是因為她叫著想讓我冷靜下來，和我爸吵是因為他一直吼說他想要安安靜靜的好好吃頓飯。」

其實我認為這段文字可能少了點，老媽幾乎都會站在心肝寶貝兒子的立場，她會說：「媳婦你呀少說兩句，我兒子不就嫌湯鹹了點、肉爛了點，有什麼好回嘴的。再說，嗯，還真有點鹹。」

這時媳婦不能不哭了，她受盡委屈，老公嫌，婆婆也嫌，她到底為誰辛苦為誰忙喲。此時做公公的一定會扮演和事佬的角色，一般而言，公公較公正，也較疼媳婦，可是他一替媳婦說話，兒子不高興，老婆更不高興，於是兒子也和老爸吵，這下子老爸發現自己有了立場上的問題，只好說：「我不就是想安安靜靜的吃個晚飯嘛。」

至此都還是大人間吵架，保持若干的音量和風度，但別忘了飯桌角落裡的小女兒，本來是婆婆在餵她，因為吵了架，婆婆心情不好，忘了餵小傢伙，她肚子餓起來哪管三七二十一。

小說中，做先生的是這麼說的：「我甚至和我小女兒吵，因為她在嚎啕大哭。」

男女問結婚前對婚後生活的最完美憧憬是：

兩家人聚在一張桌子上，長輩們圍住才兩歲的孫女（外孫女）邊逗她邊舉起紅酒相互祝福。妻子在廚房內高舉炒菜鍋，頓時香味四溢。她的妹妹則在一旁幫著切菜，而小舅子在門前洗姐夫新買的汽車。至於體貼的老公，他剛進門，滿頭大汗，左手提著兩箱蓮霧，右手捧著十四吋蛋糕，嘴上還喊著：

「Happy Birthday To You, Happy Birthday To My Darling Girl。」

現實生活和憧憬中的有很大差別，畢竟男女愛情上的結合，背後是兩個背景不同、生活環境不同的家族，所以中國講的「愛烏及屋」真是有學問，愛情的範圍得擴及對方的父母、對方的家人，還有，最重要的，要忍耐，如果湯鹹了點，要說：「好喝。」這和說不說謊無關，因為當妻子也喝了湯，她自然明白，無需由做先生的強調。

所以全家人吃飯，幾個重點：無論吃到什麼都得讚美，即使湯裡面有枚螺絲釘，最後也這麼說：好香的螺絲釘喔。

全家人吃飯是種福，少挑剔，多歡笑。

……

至於我，從小是媽寶，茶來伸手，飯來就口。張媽媽白天上班，把飯菜放在電鍋內，再三交待：把黑色的按鍵往下按，二十分鐘後按鍵往上跳，就能吃飯了。多簡單的事情，我居然能懶到連按也懶得按，直接吃冷的。

後來張媽媽走了，她的兒子也長大了，有天兒子下班回到家，累得躺在沙發上，但晚飯總得吃，卻連走幾步路到巷口買份鳳城燒鴨飯的力氣也沒。就是那天，面對空蕩蕩的廚房，一時間寂寞湧上心頭，於是兒子翻出以前張媽媽留下的筆記本，寫在兒子高中的作業簿上，都是她的食譜。

對，那天晚上我敲了兩顆蛋，切了一點向鄰居討來的蔥，炒了人生第一盤的蛋炒飯，雖然忘了放鹽，忘了蛋不能炒過頭，忘了剛煮好的飯實在不宜拿來炒飯，但那些都不重要，因為兒子彷彿吃到老媽的味道。

關於食物的好不好吃，是非常主觀的事情，可是有個顛撲不破的基本準繩：老媽的味道。比老媽做得好的叫美味，不如老媽的叫……叫，就吃吧，少廢話。

此後廚房陪著我過了許多愉快的日子。第一次婚姻失敗後，我搬到台北近郊一個叫深坑的地方，真是偏僻呀，還在半山腰上，最近的館子得開車十五分鐘，就更加刺激進廚房的慾望。

開始打開老媽留下的筆記本，照她的方子，一帖帖試著做。張媽媽的食譜和市面上賣的書不同，她用口語寫的，像雞湯，她不寫幾匙鹽幾匙油、怎麼燉怎麼燜，寫的是：

「喏，雞和蔥薑放進鍋，水燒到開，把上頭的泡沫舀掉，要舀得乾淨，懶不得。」

有個冬天，我花了很多時間站在爐前，撇雞湯上的泡沫雜質，最後還用紗布過濾，一鍋清澄、只浮著若干金閃閃雞油的雞湯完成了。下了細麵配上雞湯，驅寒效果莫過於如此一碗麵。

那時每周六我接女兒來同住，父女倆便迷上廚房，也從老媽的食譜跳入更大的世界。小孩子喜歡西式食物，一步步我們發展出義大利麵和牛排。有天我忽然想到，雖然窮，不過也許我能把老媽的味道驕傲地遺傳給女兒繼承？

想太多，身為父親，進廚房淌的汗水雖多，做出來的菜實在不怎麼樣。

廚房太有意思，冬天時只要廚房開伙，整個房子溫度都會提高，不必開暖氣也溫暖；夏天時廚房開伙，溫度升高，不過汗流得過癮，流得馬上有價值。

再次結婚後，廚房交給老婆，她愛做、會做，我樂得享受，而且最有趣的部分是商量菜單。兩人總會花不少時間商量晚上吃什麼，再去買菜，而且我等著香味從廚房傳出，等著飯菜上桌。

吃飯由「一件事」變成一種「儀式」，且延伸進人生裡每一個角落。

拿廚房角落那口連柄小砂鍋來說，最初是我想吃廣式臘味煲飯，可是沒有煲鍋，無論怎麼做總覺得少了點味道。某年到香港去玩，花了一整天在各個傳統市場內尋找，終於找到鍋，一個才台幣一百多元，我想，乾脆買個半打吧，老婆當然罵我神經病，幾年來已經用了三個，見到鍋上了爐，不自覺地已聞到芋頭燒臘味的香氣了。

幾年前搬到海邊，開車大約十多分鐘是富基漁港，有個觀光魚市場，觀光客在魚攤挑了魚蝦，可以到一旁的餐廳花點料理費，師傅現炒現蒸，滿足採買後吃飯的樂趣。

我是漁港的常客，賣魚的阿豐已成了朋友，他稱呼我是「愛吃魚的張先生」，因為我幾乎只買魚，不是不愛蝦蟹，而是過敏，只好放棄。他也稱我為「把魚買回家的張先生」，因為我很少在港裡吃，多買了帶回家。不是我嫌餐廳做得不好，而是新鮮的魚蒸了後那留在盤內的湯汁美味呀，澆在飯上，吃得胃腸服貼，可惜餐廳魚雖蒸得好，飯卻不怎麼樣。既然如此，乾脆買魚回去求老婆蒸，配我家最愛的台東池上米。

吃飯是項樂趣，廚房在不停的使用之中，逐漸成為家庭的中心，從裡面完成的每一道菜不知不覺地醞釀出家的味道，成為最值得傳下去，足以讓世世代代繼承的傳家之寶。

喔，老婆的廚藝驚人，我一度賭氣上了半年課，考了丙級廚師執照，還是輸給她。研究其中原因，她有異於常人的鼻子，例如我三小時前在陽台抽菸，她回到家馬上說，家裡怎麼有菸味？我抽菸的地方由屋內，移到陽台，她說曬的衣服都是菸味，於是我到一樓抽。那時我們家在二樓，她打開窗戶說，菸味飄上來了。我去路邊抽，她說還是有菸味，所以將來我可能站在快車道中央抽，你們若見到別大驚小怪。

她還有另一項天賦，舌頭很敏感，在外面吃到什麼好吃的，回到家大概都做得出來。最重要的是用功，看書之外樂於嘗試。於是我的丙級廚師執照不知扔到哪裡去了，而且毫不想念。

以前家裡吃飯，她會先寫出菜單，後來覺得這樣不行，遲早胖死。不過仍會按照順序從前菜吃到甜點。張家吃飯，挺儀式感。

廚房是家的中心，一旦廚房冷了、太過於乾淨，家的感覺也隨之淡了。我愛廚房，愛晚餐時刻。

甜點的積極意義

以前在《時報周刊》當總編輯常被告誹謗，每個月總要出庭兩三次，不知不覺愛上法院，見到人生百態。最深刻的是人妻控告小三，律師與人妻對被告的小三嚴詞厲聲，似乎將多年委屈全發洩在法庭，終於法官問被告有沒有什麼要說的？

記得很清楚，大約三十出頭的小三穿T恤與短牛仔褲，不管對方怎麼罵，她彷彿沒聽到，此時她緩緩站起身說了一句：「他追我的時候沒說他結婚了。」

一下子，法庭內迴盪尖銳的女人嘶喊聲，是原告那位人妻，她兩手抓頭髮哭嚎，出賣她的不是比她年輕二十歲的小三，是當年對婚姻許下承諾的老公。

現實卻又殘忍的真相。

我從小是病咖，經常出入醫院，等看診又見到人生的另一面。小兒科是新的場面，像有回某個小女孩打針前哭得驚天動地，陪伴的爸爸手足無措，最後竟然對醫生說：能不能幫我也打一針？再回頭安慰女兒：「妳看，把拔也打。」

女兒遺傳我的氣喘和過敏，每周陪她去醫院做過敏原檢查。小兒科

有次意外見到「臉孔辨識困難症」的孩童，我覺得這不算病，只不過認人有點麻煩，如今的我連名字都辨識困難，聊天時「那個誰」成了口頭禪，醫生卻從不送我送加護病房打點滴。

診療室內爸爸對男孩說：「劉醫生叔叔呀，記得嗎？」男童一直低頭。爸爸再說：「劉醫生叔叔，他口袋裡好多糖，你記得啊。」

男孩忽然哭著說：「你為什麼要換鞋子，為什麼換鞋子！」

可以理解，男孩為了表示病情好轉，記住對象臉部以外的特徵，他辨識劉醫生靠鞋子。醫生對男孩的爸爸說，認不出人沒關係，他還小，自然會適應，不需要給他太大壓力。小兒科的醫生都有無窮盡的耐心，他們是天使。

帶女兒看完病照例得大吃一頓，經過衡陽路時，再見到那對父子，男孩拿著車輪餅吃得滿嘴紅豆泥，同樣吃車輪餅的爸爸說，「沒關係，你認得我就夠了。」兒子兩眼發光的用力點頭。父子便牽著手快樂走進——應該走進公車站，不過我認為他們一大一小的背影應該走進金黃的夕陽光線裡。

車輪餅能定神解憂——如果這對父子吃的是蚵仔麵線，氣氛就差了。

陪女兒看病成了樂趣，因為每次我都得先想好離開醫院後該去哪裡吃甜點，有如甜點是休息、是改變心情，是解脫，是時下熱門的出走。

⋯⋯⋯

甜點是種很奇怪的東西，不是主菜，可有可無，不過一旦有了它，人生會發生變化，更豐富、更美滿。以英文來說吧，desert是沙漠，多無趣的地方，可是再加一個s，馬上變成美妙的dessert，甜點了。

所以甜點是那個看起來似乎微不足道的s，卻能使沙漠都幸福起來。

我在甜點中長大，不滿十二歲的男生似乎一天二十四小時都處於飢餓狀態，搞得我媽很煩。有天她做包子，蒸了一堆豆沙包，她對我說，肚子餓了就自己拿了吃。

老媽是為了省麻煩，沒想到造成寶貝兒子日後萬劫不復的人生。有些鄰居覺得我太愛甜食，對身體不好，我媽卻說，「沒關係，愛吃甜的人有感情。」老媽為了寵兒子，竟然把感情都給出賣了。也因為我媽的這句話，使我直到今天，吃起甜點都振振有辭。

是的，豆沙包和肉包、菜包不同，不是為了吃飽而存在，屬於遊戲的一種，這是甜食最特別的地方，因此不會有人進餐廳點：「前菜來兩塊起司蛋糕，再來個黑森林做主菜，至於湯呀，嗯，就酒釀圓子湯吧。」

甜點，是句點，不能當逗點或句首的引號，單純、滿足的句點。

到了義大利，不能不吃提拉米蘇；到了日本，沒有紅豆麻糬湯像話嗎；去了法國，黃黃胖胖的舒芙蕾膨脹在小小的碗裡面；至於在上海，煎八寶飯吃得渾身舒坦；到了北京，有拔絲；到了西班牙有冰淇淋。

一九八八年我去俄羅斯採訪，當地的朋友請吃飯，蘇聯瓦解不久，俄羅斯物資缺乏，他母親在大雪中排了三個小時的隊，買回來一塊里肌肉烤了請台灣來的客人。桌上菜式豐富，有魚子醬、羅宋湯，最後居然上來俄羅斯式煎薄餅，澆點蜂蜜，多美的句點。

計較點，甜點也是人生中的破折號，會使人在挫折、痛苦，乃至於打盹時情不自禁露出微笑。

●●●●●●●●●●●

二十世紀末在義大利托斯卡尼的山城聖吉米那諾吃晚飯，餐廳的名字叫「木勺」，每個客人都穿著整齊，很文雅，也有點悶，害我吃得有點不消化，飯後長得很帥卻也很ㄍㄧㄣ的老闆走來問要不要甜點，我直覺反應，馬上點頭說要。

神奇的事情發生了，老闆開始跟我做鬼臉，等甜點上來，其他客人都發出「哇」的聲音——好吧，我承認一個人叫兩塊蛋糕和兩球冰淇淋有點過份——頓時餐廳氣氛快樂起來，每個人都重新抓起菜單找甜點。

我最喜歡的餐廳是那種飯後服務生會推個小車，或者端個大木盤，上面陳列了各種甜點走來說：「先生，來塊甜點嗎？」不論才吃了幾碗飯、幾塊牛排，都會興奮的跳起，用掙扎的心情選擇，再等著甜點裝在白色盤子裡，上面最好澆了巧克力或香草醬汁，旁邊擺著一勺冰淇淋。這就叫做快樂。

好的甜點必和水果有關，單身時我常為自己做蘋果煎餅，牛奶、麵粉做的薄餅包切丁蘋果、葡萄乾，下鍋略煎得有點泛黃，沾蜂蜜吃。蒸小芋頭也行，蒸熟後沾白糖，那是我從小吃到大的最愛，可惜如今很難找到那種小而密的芋頭了。

夏天時我會以關心的口氣問老婆：「今年不做布丁？」

冬季的雨天我會以假裝好奇口氣問老婆：「炒點蘋果來吃？甜甜的那種。」

有些人說甜點和正餐是由兩個不同的胃來容納，吃得再飽也能吃得下甜點。我主張甜點和正餐根本屬於不同的心情、不同的享受，唯有吃甜點時，人才得到徹底放鬆。

現在不太敢放縱吃甜食，怕血糖高，怕心血管疾病。可是回想歷史，中國在宋朝才從東南亞得到蔗糖，歐洲要到十七世紀才知道糖，之前僅有貴族享受得起蜂蜜。為了蔗糖，歐洲強權在古巴、中美洲大量種植甘蔗，原住民於疾病與折磨中死亡殆盡，歐洲各國再從非洲運奴隸去種甘蔗。糖，走過一段血汗史乃有今日的甜點，不能不珍惜。

朋友老是說我是螞蟻，啊，禁錮的靈魂！不管你們同不同意，或醫生皺不皺眉頭，我堅定認為，甜點代表振奮。只不過一個小小的S，卻能融化沙漠。

吃完粥，洗缽去

好久沒吃稀飯，老婆一時心軟，好吧，煮個稀飯給你明天當早飯。

早上吃稀飯有很多好處，熱乎乎暖肚子。張老媽以前上班忙，我的早飯是泡飯，熱水倒進隔夜冷飯，後來發現日本人的茶泡飯同一原理，我不太喝茶，愛咖啡，能咖啡泡飯嗎？

配稀飯最好莫過於醬瓜之類的鹹菜和肉鬆，我是螞蟻，拌了白糖吃更好，不幸年紀大了，白糖已如光陰般逝者已矣，追不回了。

老婆煮稀飯厚工，一定用陶鍋煮，得煮得濃稠，即使沒有小菜也吃得有味道。

以前在香港常吃白粥，一碗粥，配油條，若是油條沾點醬油則更妙。在台灣若進烤鴨店，一般烤鴨三吃，除了烤鴨本身外，不方便切片的邊邊角角撕下來炒豆芽，有個美麗的名字：銀芽炒鴨絲。剩下的鴨骨頭架子則煮稀飯，美妙無比。我老婆愛烤鴨的原因之一便在鴨架子，打包回家煮稀飯。

說到稀飯，想起唐朝時的河北趙州禪師著名的禪法，某位僧人不遠千里來學法。

他問趙州：「禪師，我剛來，向您請教什麼是禪？」

趙州問他：「吃粥了嗎？」

僧人回答：「吃粥了。」

趙州說：「那就去洗缽吧。」

老婆通曉禪法，每次吃完稀飯她就喊：去洗碗。一個意思。

提到粥，宋朝名臣范仲淹兩歲喪父，隨母親改嫁，日子過得清苦，為了念書，他寄居於山中寺廟，每天鹹菜配粥。

歷史上寫：「惟煮粟米二升，作粥一器，經宿遂凝，以刀畫為四塊，早晚取兩塊，斷齏數十莖，酢汁半盂，入少鹽，暖而啖之。」

范仲淹窮，大概吃不起白米飯，粟米是北方人吃的小米，但范仲淹南方人，或者以粟米表示並非好米，像我當兵時吃的戰備米，舊米。

煮好粥放一晚上凍成硬的，切蛋糕似的切成四塊，一天兩餐，一餐兩塊，配山上野菜醃的鹹菜。粥於晚上結凍，可見山上天氣很冷，那麼他吃的是冷粥。吃完粥洗缽，當然用冷水洗，哇哩咧，想到就冷。

禪法這麼簡單，吃飯洗碗而已。

做老公說累頗累，若能通曉禪法，該洗碗去洗碗就是了，永保安康。

家裡吃飯我一向不挑，老婆煮什麼，一律鼓掌叫好，這樣下回有得吃，況且鼓勵老婆，得利者是我，何樂而不為。

人生濃縮在稀飯裡，如果明天早上吃稀飯，我們家可忙了，她挑米洗鍋，我則奉命去買適當的小菜。老婆心情好，可能煎日式蛋捲，心情普通，也有荷包蛋，半熟的，戳破了拌進稀飯，比什麼配菜都好。

民國初年的弘一法師愛鹹菜，而且吃得滿心歡喜。

一九二五年老友夏丏尊去寧波七塔寺看他，見弘一法師白飯配一碟鹹菜，便問：「只鹹菜，不鹹嗎？」

弘一回答：「鹹有鹹的味道。」

飯後，弘一法師喝白開水，夏丏尊又問：「沒茶葉嗎？怎麼喝開水？」

弘一笑著回答：「開水雖淡，也有淡的味道。」

我要是夏丏尊馬上告辭，和這個和尚在一起，恐怕沒菜沒酒，光靠禪論，難滿足我的肚皮。

從小到大我以討人厭出名，進了廣東菜的餐廳，要是廣州炒麵太乾、太亂，我會對服務生說：「我點的是炒麵，不是乾麵。」奧客來了。

單身時常一個人吃飯，非吃飯時間，餐廳內僅兩桌客人，年輕漂亮的美眉領我進廁所門口的小桌子，我毫不客氣：「那麼多空桌子，你們歧視單身客嗎？」

她臉色極端火山爆發，領我去柱子後面的四人桌，我再說：「非得把我藏在柱子後，我單身，我不羞於見人。」

夠壞吧。對單身客最好的是台北市長春路巷子裡的富霸王、中山北路的肥前屋，他們對單身客一級好，有空位即插進去，反倒是一夥朋友去吃飯得等桌子，得乖乖等。有時和老婆去吃，見人多，我會說：我們分開吃——有這麼餓嗎？

最近發現我真的是瘟神。境好出版的總編輯文慧和我商量出書的事，她以前是我同事，她說：「以前大家看到你都自動轉彎，沒人想跟你坐同一班電梯。」

咳咳咳，好吧，改過自新。

如今我悟出可以和趙州禪師比美的「自私」理論，每天盡量讓自己快樂。你看，我快樂了，我老婆快樂，女兒快樂，朋友見到我快樂，老丈人、丈母娘見到我更快樂，快樂有其影響力。要是成天擺張先天下之憂而憂的臭臉，我不快樂，所有的人見到我便逃，我由不快樂而更加不快樂。在此向過去的同事，為我的臭臉深深致歉。

稀飯簡單，精彩之處在於溫暖，既然沒窮到范仲淹的地步，也不想像范仲淹那樣的「先天下之憂而憂，後天下之樂而樂」，沒辦法兼愛天下，何不自私地愛老婆愛女兒，愛家人愛朋友。

偉大一點，愛鄰居、愛郵局幫我重新包裹書籍寄去上海的辦事員——咳咳，關於郵局辦事員，偷偷愛即可，不必請她喝下午茶，一旦有了請她喝茶的念頭，便超越範圍。別嫌我的稀飯規模小、沒志氣，盡量順其自然比較適合人性。

••••••••••

日本有位寫俳句的詩人小林一茶（十八、十九世紀），周作人曾翻譯過他寫的一首：

老婆婆喝酒的月夜呀。

這這這，這是詩嗎？我想想，老婆婆有酒興的月夜該是滿月，或是弦月？滿月好像是狼人的日子，弦月又怎麼提得起酒興？

直到某天，夜晚星空滿天，下弦月那麼掛著，失去的部分留下光暈，哈，一下子我明白了，下弦月像張搖椅，別說老婆婆，張老先生也怎能不喝酒。老婆婆喝酒自得其樂，其實什麼樣的月夜都美麗。

輪到我來寫首俳句：

稀飯、白糖、自得其樂。

這首寫得如何？還是忘不了白糖。說真的，忠孝東路頂好地下層，紫琳蒸餃賣小米稀飯，作料桌上便有糖罐子，他們曉得螞蟻是個族群，無糖不歡。

吃完飯記得洗碗去，反正都得有人洗，我搶先動手，老婆高興，全家高興，小和尚高興，趙州禪師高興，也就接近世界大同啦。

自首，我很少洗碗，老婆嫌我洗得不乾淨，她得再洗一次，那就只好偏勞她了。……她怎忍受得了我？見到我進電梯，她會不會故意放慢腳步等下一班？

老鼠在晚上睡覺

小哥哥拿著棍子守在旁邊，他擔心老鼠鑽進倒塌房子裡去咬弟弟，不時拿著棍子敲打四散的磚塊嚇跑老鼠。

幾個星期前，有天我在路上看到一幕驚人的畫面，一對年輕男女可能吵架吧，當街拉扯起來，他們原本共乘一輛機車，但機車可能是女孩的，她哭著要騎車單獨離去，男孩不同意，最後男孩搶到機車的前座，女孩被趕下車，她緊緊抓住男孩褲管，就在此時，哎，男孩竟然伸出腳踹在女孩頭頂。

整個過程大約只三分鐘，卻驚心動魄。回家的路上我想起幾個故事，第一個故事是這樣的：

老妻在半夜醒來，聽到廚房裡有聲音，她看看床頭邊，老伴不見了。

老妻便下床去，在廚房裡看到了丈夫，她嘴上雖問老伴怎麼不睡覺，眼角卻掃過桌上的麵包，沒錯，麵包少了點。她仔細再看，麵包留下剛切過的痕跡，老妻一向愛乾淨，睡前收給過餐桌，如今摸到一些麵包屑。

夫妻倆又說了幾句話，便都回到床上，幾分鐘後，屋內恢復了寂靜，但閉著眼的老妻卻聽見身旁的老公發出輕微咀嚼聲，於是老妻故意發出沈重的呼吸聲，假裝已睡著了。

第二天晚上，當老公下班回家吃晚飯時，老妻多分了一片麵包給他。平常都是每人各三片，這晚則丈夫四片，老妻兩片。

她是這麼說的：「你慢慢吃，吃四片。」她說著離開了餐桌。「我吃麵包不消化，你多吃一片吧。」

很簡單的故事，背景是二次大戰末期的德國，當時德國被盟軍轟炸，民生物資匱乏，每家的糧食都由政府配給，這家的老公實際上處於飢餓狀態，因而半夜起來偷吃麵包，老妻沒有拆穿，反而第二天省下自己的一片麵包，分給了老公。

我們接觸的德國大多是希特勒發動殘酷戰爭、東西德分裂，和戰後西德快速的復興，很少有機會了解在戰爭末期至戰後德國人所受的痛苦，這篇小說寫的正是那個時期，是德國「廢墟文學」的代表作之一。

故事給我的直接感受是貧窮，連多吃一片麵包都那麼的卑微，可是也感受到妻子對丈夫的愛，她看到丈夫在廚房偷吃麵包並沒有大驚小怪開罵，而是體貼的犧牲自己的一片麵包，去撫慰老公飢餓的肚皮。——所以女人不必深夜指著坐在沙發抱整桶冰淇淋嗑的老公開罵，要體諒。

●●●●●●●●●●

作者博歇爾特只活了二十六年，在一九四七年過世，他的另一篇小說也談感情，也很感人，卻是不一樣的題材：

有個九歲的小男孩躲在被轟炸的廢墟裡面，一手還緊握著根棍子。附近一位阿叔經過看到他，問他幹麼，是不是守著寶藏或是金錢？

小男孩什麼也不願講，阿叔手裡提一個籃子，就想用自己的祕密去換男孩的祕密，阿叔說：「我籃子裡裝的是餵兔子的草，我家有二十七隻兔子，可能還有很小的。」阿叔問男孩要不要去他家，說不定能送隻小兔子給男孩。

兔子顯然打動男孩，但他仍不願離去，不過他倒是說出了祕密，原來男孩的家被炸垮，四歲的弟弟沒有逃出地下室，被埋在裡面，因此這個小哥哥拿著棍子守在旁邊，他擔心老鼠鑽進倒塌房子裡去咬弟弟，不時拿著棍子敲打四散的磚塊嚇跑老鼠。

阿叔知道弟弟死了，小哥哥傻傻守下去也不是辦法，他就說：

「老師沒教你們，老鼠在晚上會睡覺！」

小哥哥被兔子吸引了，阿叔也答應他不但送他兔子，還會教他怎麼做兔籠。小哥哥對離開的阿叔喊：「我等一下去找你，天黑前我還得當心老鼠。」

我們當然都知道老鼠晚上不睡覺，小哥哥上當了，儘管他的注意力已轉移到兔子上，卻沒有馬上跟阿叔走，他仍不忘在天黑前得留意弟弟不被老鼠咬了。九歲的孩子不知道如何救他的弟弟，只知道不能讓老鼠咬了弟弟，愛護弟弟的感情透過老鼠表達出來，多單純、完全沒有雜質的兄弟之情。

從老夫老妻到小兄弟，感情充斥在大氣層內，和水與陽光一樣，隨處都是，可是我們經常忽略，才會因一時情緒失控，發生我看到那椿年輕男女令人噴血的場面。

•••••••••••

還有一個故事，是前蘇聯時期作家A．N．托爾斯泰（不是寫《戰爭與和平》的那個托爾斯泰）的作品：

故事中有個二戰的蘇聯坦克兵上尉，受到嚴重灼傷而五官被毀，當他回家鄉時，擔心父母受到驚嚇，也覺得自己那張臉無法見人，就對父母假說自己是他們兒子的朋友，特別來捎口信。

因為上尉連嗓子都變了，因此他自認偽裝得很成功，等回到軍營卻收到母親的來信，信上說，雖然回來的是兒子的朋友，為什麼她總覺得是兒子本人，老媽在替那朋友整理大衣時，聞到兒子味道，偷偷抱著大衣哭了很久。上尉才明白沒有什麼事能瞞得過母親，他鼓起勇氣帶那張可怕的臉回家重新面對父母。

人能存在至今，感情而已。多年前請一對夫妻來家吃飯，老婆下廚，大費手腳從前菜一路吃到甜點。飯後朋友感慨說，今天好福氣，早上兒子做早餐，晚上吃朋友做的晚餐。

⋯⋯⋯

吃飯經常吃感情。

另一朋友的爸爸常遠從中和到內湖兒子家做飯菜，兒子叫他不要這麼辛苦，大家常常得提心吊膽，不知老爸哪一天突然提著菜籃出現，不敢出去吃飯，況且爸爸做的菜太鹹，難入口。

終於孫子向兒子抗議，他有時想和同學去吃漢堡，阿公這樣子，他覺得不自由。

兒子決定向老爸攤牌，到老爸家發現老媽吃過鹹的菜毫無反應，沒來得及開口，老媽悄悄對他說：「你爸的糖尿病嚴重，沒味覺了。」

兒子和爸爸達成協議，去內湖為孫子煮飯，每周一天。

那天，兒子、媳婦、孫子都吃得開心，他們把鹽罐子的孔塞了一半，老爸眼睛也不好，他只是抓起罐子往鍋內用力撒罷了。

我的老鄰居沈伯伯是上海人，每個月總挑一天帶我去南京西路的小館子吃飯，廚師是他同鄉老李，每次不用點菜，老李先送來兩樣小菜讓沈伯伯喝酒，然後是獅子頭和炒韭菜。獅子頭是肉丸子，有些廚師加蛤蜊肉增加鮮味，有些加荸薺平衡肉味，這家是荸薺。

有天沈伯伯吃飯時一句話也沒說，回家的路上他說老李不散步了，老李不打麻將了，老李病了，最後他說，老李走了。

從獅子頭的味道，他便知道老李不在了。

我父親走得很早，沈伯伯是我對父親的啟蒙者。之後我們還是去那家館子，明明味道不對，如今回想，沈伯伯吃的是感情，他沒忘記老李。

感情不是多高深玄妙的東西，它自然存在，像蟲鳥花樹，但我們得走出門，得放開胸膛，得伸手去摘。

於是，人生才完整。

松阪牛與櫻桃

我有個朋友，妻子陪女兒住國外念書，他一個人留在台灣打拚，有次我問他平常周休二日時怎麼打發時間？

他用很不以為然的表情說：「打發時間？我享受時間還來不及。」

為了了解他是怎麼「享受」時間，我星期日跑去他家玩，這天的行程是：

上午十一點抵達，他表情歡樂迎接我，並且說，「吃牛排怎麼樣？」

當然好，於是我陪著他進廚房，赫然發現他準備了兩種牛肉，第一種是牛小排旁邊的肉，呈現長條狀，當然沒有骨頭。第二種是他托廚師友人幫他買的松阪肉，只見脂肪分布在肉間，如大理石一般。

除了牛排，他早燉好一鍋羅宋湯。原來他每逢周六，上午會去市場，下午回家燉湯，燉上一大鍋可以吃一個星期。按照他的說法，燉湯屬於享受的重要部分，要有耐心陪著瓦斯爐，因而他廚房內的小圓餐桌也有書桌功能，一邊燉湯一邊可以喝咖啡看書。

我們先喝湯，一口下去馬上感覺到番茄、洋蔥的甜味。他說一鍋湯，他扔進十二顆番茄，沒有蔬菜甜味的湯不夠味。

體會一：湯要有大骨頭、有肉，更要有蔬菜。

接著吃牛排了，他先煎牛小排的邊肉，熱好鍋，把肉放進去，這時朋友說，一面要煎一分半，千萬別急著翻面，等一分半後再翻，再煎一分半。在煎肉的同時，旁邊有個小鍋正熬醬汁。

體會二：牛排兩面煎是為了封住肉汁，要是太早翻面，還邊煎邊翻，會使肉汁流失。

第一道的牛排不是很大，倒很有開胃的作用。他開了瓶紅酒，陽光斜斜射在餐桌上，我們把冬天的寒冷關在戶外，把牛肉的熱量嚼進肚內。

再來的第二道牛排，松阪牛則吃的是朋友待客的熱誠，可以想見肉不好買也不便宜。煎的過程依然是先一分半，翻面後再煎一分半。牛肉很鬆軟，放在舌頭上有自動融化的豐富感，雖然肉味不及前一種，卻是另一種截然不同味道。

體會三：吃飯要像躺在按摩床上，全身放鬆。吃飯不是吃飽，是吃得滿足，包括胃和心靈。

至此，一看鐘，都下午三點多，而朋友又站起身，他說牛排份量都比較小，為的是接下來可以再來碗牛肉麵。這次他不是自己煲的牛肉湯，而是去永康街買回來的，不過他按照個人偏好，又扔了十來顆番茄進去再燉。

我們各吃了一小碗牛肉麵，有點恨不能如鱷魚翻身，將肚皮曝曬在太陽底下。

還沒有結束，朋友把沙拉安排在最後，和水果併在一起處理。他將蓮霧、哈蜜瓜、火龍果都切片，配上生菜、甜椒，裝在一個盤子裡，再澆上柳橙醬汁。他把柳橙打成汁，切碎一點柳橙皮，進平底鍋去煮，等汁液收得差不多，就是絕佳的沙拉醬汁了。

他說小女兒平常不愛吃青菜，他便想出這個主意，青菜和水果配在一起，煮醬汁時再加點糖，完成後裝盤五彩繽紛，女兒會高興到忘記痛恨青菜這回事了。

體會四：青菜和水果混在一起吃，加上也用水果做成的醬汁，非常配。

稍微收拾一下，朋友換上球鞋說，走，爬山去。

他家在台北郊外，不遠處有山間步道，爬到山頂約半小時，下山再半小時，我們趁著傍晚柔和的光線，邊聊天邊健行。

回到家天色已逐漸轉暗，他打開冰箱說，還有一塊鮪魚，可以煎，可以切生魚片，再烤條魚來吃吧。我趕緊揮手，不能再吃，再吃下去無法繫鞋帶。

體會五：吃不下只有一個方法，快逃。

星期一我才知道，那天晚上他真的為自己烤了魚、切了生魚片繼續晚餐，吃完又去溜狗，睡前不忘泡個澡。原來假日可以如此浪費——不，時間果然可以享受。

關於享受時間，大原則顯然是每個人對時間的認知，有些人每天忙著滑手機，搶時間是他們的享受。我這個朋友平常也很忙碌，但一放假，他不接電話也關上手機，從菜場晃到超市，由牛肉挑到甜椒，再回家慢慢做菜看書，這也是享受。

公元前一世紀，羅馬前三雄有位名叫蘇拉的執政官，他熱愛食物，率軍出征不忘考察當地的蔬菜水果。

有次他率軍到中亞（現在的伊拉克一帶）和世仇帕提亞王國（中國歷史上稱為安息）作戰，途中軍隊紮營休息，他又到處去找新鮮食材，忽然看一種艷紅色彩，小小一顆顆的水果，忍不住拔了下來送進嘴中。太好吃了，後來他把這種水果帶回義大利種植，這是櫻桃來到歐洲的起源。

中國最愛吃的古人莫過於蘇東坡，十一世紀中，二十歲的蘇東坡與小兩歲的弟弟蘇轍參加宋仁宗的制舉考試，宰相韓琦對一群門人說：「二蘇在此，而諸人亦敢與之較試，何也。」（意思是二蘇參加考試，其他人怎麼敢報名跟他們較量。）

此話一出，其他人都不敢參加考試，最後僅四人參加。蘇轍考前生病，韓琦還向宋仁宗請求考試延期。

官場上年輕出頭不見得是好事，十七年後蘇軾與新黨的王安石槓上，被流放到杭州。五年後再入獄，被貶到黃州（湖北山區）。後來回朝當官，不久再被貶到惠州（廣東）和儋州（海南島）。著名的東坡肉便做於黃州。

他好吃，無論被貶到哪裡都找當地的好食材，設法做出好吃的。能在新舊黨爭裡維持處之泰然的心情，和吃有關。心情必須置於天平，一邊是工作，一邊是人生，工作失意時，有豐富的生活挺著，得到平衡。

中國古詩中有句寫給女人的名言：「悔教夫婿覓封侯」。美國在七〇年代末有首流行歌曲叫〈Billy, Don't Be A Hero〉。意思都一樣，過於專注於工作，急著要成名，有時會失去很多也同樣重要的東西，例如享受時間帶來的快感。

我懷念朋友星期日做菜的那種休閒和享受時間的豪爽，而口中也不禁泛起那天松阪牛排鋪灑在舌間混著油脂的濃郁肉味。

最後一個體認：我那天吃的竟然是時間。

我們都走在中間

悶了兩年，疫情似乎有緩和的跡象，或者說各國開始要打開國門了。我低頭看黏在椅子的屁股，它還抬得起來嗎？再看釘在地面的腳跟，上點油還能走路嗎？

原計畫二〇二〇年五月去西班牙走聖地牙哥朝聖之旅，為此練了大半年腳力，上網添了不少裝備——找出背包，裡面裝了睡墊、睡袋、充電器、軍用口糧、求生箱、可以捲起來的拖鞋、水壺，趁天氣好曬曬。嗯，當地震的急救包也不錯。

電腦文件檔內儲存七條朝聖路線地圖，試過五種牌子防水登山鞋，考慮用一支的登山杖或是兩支的。這幾年加緊補充知識，從保羅科爾賀的小說《朝聖》看到韓國綜藝節目《西班牙寄宿家庭》，和幾位走過的朋友多方打聽，萬事齊備，沒想到突然間疫情泛濫只好作罷。安慰自己，重點在過程不是結果，不是嗎？

當然不是，我根本還沒上路，還沒開始「過程」。

當然，等疫情之後再去不遲，不過有些事情和一鼓作氣有絕對關係，因為如果能再出國旅行，要去的地方多了，西班牙的朝聖之行說不定被擠到後面。於是我開始擬計畫，最想去的地方是哪裡？真的值得我一開放就急著上飛機嗎？

做了個夢，在某個看似法國或義大利的鄉間，大雪不是紛飛，根本傾盆而來，縮在小旅館內設法挨著電暖氣取暖，突然沒電了，沒水了，原來大雪冰封水管，壓垮高壓電塔，更慘的，放在冰箱內的阜杭飯糰凍成石頭了。然後醒了，我踢被了。

冥冥中暗示，我得往歐洲，可是我不也哈京都的牛排、北海道的毛蟹、韓國的烤牛肉、四川的麻辣？可以列出二十個想去的地方，但要從其中想出一個「最」，難哪。好吧，隨夢而行，法國的里昂好，牛臉頰肉令我垂涎三尺；葡萄牙的波圖，炸的天婦羅好。不，應該把義大利排第一，從亞德里亞海的巴里一路往北到斯洛維尼亞邊境的Triesta，天天吃披薩也不錯。

「最」，多惱人的字眼，誰發明這個字？公害、公敵，偏偏在有限的人生躲不開「最」。

女人會問：「你最愛誰？」

你問小孩：「最想吃哪種冰淇淋？」

女兒看到你挖鼻孔氣嘟嘟地喊：「我最討厭你這樣。」

我問自己：「真的，最想去哪裡？」

不然，從莫斯科一路往南至喬治亞、裡海，以亞美尼亞為終點。從土耳其北部往東也是到亞美尼亞。不過無論哪條路都因宗教和戰爭而邊境封鎖，亞美尼亞是被伊斯蘭國家包圍的基督教國家，孤邦。不怕挑戰，說不定我可以做很多功課，想法子溜進亞美尼亞，有旅行的快感。

⋯⋯⋯⋯

已是二〇二一年的秋天，突然懷念韓國的慶尚北道，想到我去年不是擬了行程想去忠清南道的扶餘，那是古扶餘國嗎？扶餘是扶餘，扶桑是日本，順道去面瀨戶內海的尾道看櫻花？

又做了個夢，公車行駛在大雪的偏遠街道，兩邊人家幾乎熄燈閉戶，僅一家門前亮著燈，有個戴大斗笠穿長統橡膠靴的女人在門口剷雪，車子經過時隔著車窗看她扭過頭來的臉孔，那不是——不好，和老婆出國，萬一在韓國遇到以前女朋友就毀了。

夢真好，明明也該老了的女人仍當年模樣。時間在記憶裡是靜止的，我們可以從中調出一九八八年的或二〇〇〇年的檔案，為自己的年輕感傷一番。

對了，祕魯，黃金之鄉（El Dorado），愛倫坡寫過一首詩，當尋找黃金的旅人遇到修道士的影子，他無助地問：

'Shadow,' said he,
'Where can it be—
The land of El Dorado

記得影子這麼回答：越過月亮上的山脈，穿過山谷的陰影，向前騎，大膽的騎。

旅行一直追逐某種夢想，義大利作家伊塔羅・卡爾維諾寫過一則故事：

九世紀初歐洲的查理曼大帝已老了，愛上一名女子，群臣為此煩惱，不久女人死了，可是查理曼守著屍體寸步不離。

主教覺得其中有詭，果然從女子舌頭下找到一枚魔法戒指。他收起戒指，沒想到查理曼轉而愛上他。主教逃不掉，憤而將戒指投入湖裡，如今德瑞邊境的康士坦絲湖，從此查理曼愛上這湖。

旅行是那枚魔法戒指，勾住人的靈魂，疫情雖已兩年，時不時仍望著當初整理好去朝聖的背包。

其實一旦開放，買到飛哪裡的機票就去哪裡，事情不是更簡單？不行，將來去哪裡是一回事，此刻幻想該去哪裡是另一回事。

夢到我走了好長一段路，夜晚，走到一堵高聳的城牆下，城牆的一角亮著盞搖曳的紙燈籠，我掀開布幔坐進去，吃了碗好大好辛辣的拉麵。對老闆自顧自說：「走了好長的路，看樣子接下來得再走好長的路。」

燈光陰影裡的老闆說：「人生最有趣也最讓人的困擾的是，你正好走在中間，每個人都不知不覺走在中間，不能回頭。」

輯· 3

小說家之味

旅行、食物、生活，三者無法分割，當然有些無法帶回來，像義大利溫布利亞的兔肉、西班牙的蝦子、北海道的黑牛，懷念也是人生重要的一部分，不是嗎？

旅行之中與之後

旅行時常會發現以前沒吃過的味道，像多年前於北海道稚內吃毛蟹，以為不過就是蟹，不料上桌的是蒸熟後冰過的，那股甜味至今仍留在舌尖，得到啟示：原味是指在產地，用當地漁民日常食法做出的味道。

另外像納豆，大約四十年去東京旅行，旅館早餐便附了一小碟納豆，看著牽絲的豆子，只能納悶，淺嘗一口，從此和納豆分不了家，它帶著一股黃豆發酵後成熟的濃郁滋味。對，愛的就是成熟的完美。

在西西里旅行，店家再三推薦當地的沙丁魚義大利麵，回想小時候，沙丁魚彷彿生長在扁平橢圓形的鐵罐內，因此形容公車乘客多，作文時幾乎下意識用「擠得像沙丁魚」，但真正吃了沙丁魚，哇，滿口的海洋。

日本人吃沙丁魚的生魚片，一位作者曾形容，當魚咬上餌的瞬間，它已開始腐敗，所以要保持沙丁魚的新鮮很不容易，同樣的，吃到新鮮沙丁魚的機會不多，明白海洋傳達出的滿足感。

老婆愛烹飪，無論到哪裡，市場是我們第一要逛的地方，買了當地食材帶回台灣開始試圖延長旅行的假期。

我買過一台手動義大利麵條機器，夏天時自製麵條。她買了各式日本便當盒，我們便在秋末時去民生公園野餐。

馬鈴薯燉肉（2人份）

01

一次去日本在京都某處家常小館，當時天冷，白飯就著馬鈴薯燉肉，其中白飯與馬鈴薯都是澱粉，從此我戲稱這道菜是澱粉配澱粉，吃得滿足，經過趙薇幾次學習和改良，成為我們家最日常的菜色。

相信我，最滿足腸胃的莫過於澱粉配澱粉。

材料：

馬鈴薯中型2個

紅蘿蔔½根

洋蔥½個

市售牛小排火鍋肉片1盒

日式高湯1杯

調味料

味醂1大匙

砂糖2大匙

醬油2大匙

酒2大匙

做法：

1 馬鈴薯、紅蘿蔔、洋蔥切一口大小。

2 鍋內先煎肉片，加入蔬菜塊拌炒，加入高湯，煮沸後撈浮末。

3 加入調味料，沸騰後中小火煮20分鐘，試味道可增減醬油，再燒5分鐘收湯汁即可關火。

NOTE

日式高湯做法：將昆布10克放入鍋中，注入1000cc的水，泡至少30分鐘。開中小火煮約10分鐘，待滾沸後熄火把取出昆布。放入20克柴魚片，開小火。續煮2分鐘後熄火，待柴魚片全部沉澱，過濾出湯汁即為「日式高湯」。

日式便當（2人份）

02

我和趙薇曾寫過一本北海道的書，幾乎吃遍各車站的駅弁（車站便當），六百日圓到一千二百日圓皆有，從此認定在日本旅行一大享受即是駅弁，回到台灣後當然想吃日式便當，與台灣便當的差異處在：乾、色、整齊。就是油少，色彩調配得美麗，並排列整齊，最適合爬和旅行時帶著吃。

趙薇有時頗瘋狂，天氣冷了，她會做了便當問我要不要去公園吃。陪小朋友去兒童新樂園，我們也自配便當。老天，她不懂小男生玩得瘋狂時，哪裡在乎吃進嘴的是什麼！陪小朋友出去玩，我都安靜坐在一旁，專心吃便當，把吃剩的往小男生嘴裡塞就對了。

便當兩大必備菜式：煎蛋與炸雞，缺一不可。

材料：

炸雞

雞肉塊１００克
蒜碎２顆
薑末１大匙
鹽、胡椒、醬油、酒、五香粉適量
地瓜粉１杯

煎蛋捲

蛋３顆
味醂１小匙
砂糖１小匙
日式高湯２大匙
醬油１小匙

飯糰

熱白飯１碗
市售鮭魚香鬆適量
海苔片２片
燙蝦２尾
燙花椰菜或黃秋葵適量
小番茄３至４顆
紫蘇葉適量

做法：

1 製作炸雞：雞肉加入蒜碎、薑末和所有調味料，稍微揉入味，醃至少１小時。

2 製作煎蛋捲：蛋打散，加入調味

料和日式高湯攪拌均勻。

3 鍋內以中大火加熱，放入1小匙油，先倒入⅓蛋液，筷子稍微攪拌，待氣泡戳破，蛋液凝固適當，從上至下捲起，推至鍋頂。

4 加少許油，再加入⅓蛋液在鍋裡，抬起之前蛋捲，讓蛋液流入鍋頂⅓處，待蛋皮凝固，再將原本⅓蛋捲包裹新蛋皮再推至頂。

5 剩餘⅓蛋液如法再做一次，待全部完成後，煎蛋捲即可起鍋。

6 炸雞肉。雞肉裹上地瓜粉，以油溫160度先炸至熟取出，再加熱油重新放入雞塊，炸出水分，外皮酥脆後起鍋。

7 製作飯糰：準備一碗冰水、鹽。在飯碗中裝入半碗飯，製作一個凹洞，放入適量鮭魚香鬆。

8 手沾點冰水，抹一點鹽，將飯碗中的飯移到手上，慢慢握成圓型，再慢慢整形至三角形或橢圓形，先放置一旁。

9 手洗手乾淨擦乾，沾冰水，抹鹽，再製作第二個，完成後以海苔裝飾。

10 盛裝。以配色漂亮為主，依個人喜好裝盤，以紫蘇葉墊底，放入燙蝦和燙青菜，及製作好的炸雞塊、煎蛋捲和飯糰，並放入小蕃茄。

牡蠣釜飯（2人份）

03

最早是在京都河原町的月村吃到釜飯，一口砂鍋端到桌面，打開的熱氣與香味直衝腦門，而那是冬天。之後吃過鯛魚釜飯、雞肉釜飯，每家各有特色，既然愛吃何不扛口鍋回台北。就這樣張家開始按時令推出釜飯，最棒的當然首推牡蠣釜飯，因為自己在家做，滿滿牡蠣方顯豪華。其次是鯛魚，其實紅色魚皆可，若是秋天，芋頭也不錯。

我挑嘴，拿著筷子靜靜坐在餐桌旁等候，見落日灑進來的光線愈來愈和緩，吹進屋的風愈來愈柔和，聞到煮飯的香氣了。釜飯最棒之處是帶點鍋巴，泡湯。

材料

蛤蜊半斤
牡蠣半斤
白米1又½杯
昆布1片（10×10㎝）
細切薑絲3大匙
小蔥末或香菜梗少許

調味料

米酒、胡椒少許
醬油1大匙
鹽少許

做法

1 蛤蜊先加薑絲、米酒、胡椒，倒入1杯半水煮至殼打開，蛤蜊肉取出，湯汁放涼備用。
2 牡蠣用鹽洗淨瀝乾。
3 白米洗淨瀝乾入鍋，昆布放入，將放涼的蛤蜊汁量好1杯半加入。
4 再加¼杯水、醬油、鹽、薑絲、攪拌均勻，開火沸騰後轉小火燜煮大約10分鐘。
5 湯汁變少後，取出昆布，鋪上蛤蜊肉和牡蠣，再小火燜煮10分鐘（注意不要焦底，一有焦味就要關火用燜的）。
6 燜至飯粒適當即可關火，上面鋪上小蔥末或是香菜梗末，上桌，拌勻盛碗。

紅燒肉（2至3人份）

04

說起紅燒肉，起碼五百種做法，家家不一樣。小時候我媽做的分三種，一是連蛋一起紅燒，為了帶便當；一是燒墨魚，就過年過節時的大菜了；一是燒鹹魚，由於味道重，可以騙我多吃幾碗飯。

母親是種特殊動物，想方設法騙兒子吃飯，無論兒子幾歲、幾公斤了。

趙薇不用糖上色，儘量保持紹興酒的香味，從而我每吃紅燒肉必喝紹興，喔，她做紅燒肉剩下的。

對了，忽然想起來，小時候張媽媽的大菜是紅燒蹄膀，加了香菇和青江菜，過年才吃得到。開飯時只見張媽媽一手刀一手叉，完全《水滸傳》裡母夜叉的模樣，一刀下去，切得蹄膀巍巍顫顫，多開胃哪。如今我跑步，肚皮也巍巍顫顫，很蹄膀。

材料：

五花肉1條
蔥3支
薑4、5片
八角2粒
肉桂棒1小支
月桂葉2片

調味料：

醬油3大匙
冰糖3大匙
紹興酒⅓瓶

做法：

1 五花肉切適當厚度，汆燙瀝乾。
2 平底鍋不放油將五花肉煎香上色。
3 砂鍋內加入蔥、薑、八角、肉桂棒、月桂葉拌炒至香，放入煎過的肉。
4 先下冰糖包裹整個肉面，再倒入醬油（喜歡肉色深者可以加1小匙老抽），至肉塊均勻上色後，再倒進紹興酒至肉面齊。
5 湯汁滾後撈浮末，轉小火燒50分鐘到1個小時。
6 起鍋前若湯汁還多，轉中火收汁至肉面油亮。

NOTE

講究顏色漂亮的可以先上焦糖色，用紹興酒比米酒香濃而且顏色好看。

紅燒番茄牛肉麵

（4至6人份）

05

如果說牛肉麵是我最愛，不會有人嘆氣吧——我的最愛真的太多了。

高中念北投復興中學，校門口一家館子賣麵，老師去都吃牛肉麵，我們窮學生只能吃牛肉湯麵。有天我偷瞧至老闆朝湯鍋內猛倒醬油，嘿，原來我們的湯麵正本清源實乃醬油湯麵也。

這是我對牛肉麵非常挑剔的原因，年紀大後去北投吃大家說很紅的幾家牛肉麵，老實說，都不行，都太醬油，牛肉麵不是那樣的。

永康街的就正點，一位朋友喜歡買了帶回家，加番茄進湯再熬。看到沒，牛肉麵裡帶點番茄味才對，而非醬油味。

一碗上千元的牛肉麵我吃過一次，感想：不如去吃牛排，真價浪費牛肉麵。

材料：

胡蘿蔔1支

洋蔥1個

番茄3個

蔥3支

牛肋條1斤

薑5片

蒜2顆

八角2顆

月桂葉片

花椒粒15至20顆

調味料：

冰糖1大匙

酒2大匙

醬油2大匙

豆瓣醬1大匙半

做法：

1 胡蘿蔔、番茄、洋蔥切塊，蔥切段備用。

2 牛肋條切適當大小，熱水汆燙。

3 鍋中熱油，炒蔥薑蒜，加入肉塊及調料拌炒至香。

4 調味料倒入鍋中炒勻後加入水蓋過肉面，香料（也可以棉布袋或泡茶袋裝好）此時加入。大火滾後小火燒1小時，熄火燜1小時，即為「紅燒番茄牛肉湯」。

5 食用時，煮適當人份麵條，盛上適量牛肉及湯，依個人喜好撒上蔥花或香菜即成。

番茄燒肋排

（2至3人份）

06

韓國慶州古道盎然，尤其深秋時節，走走儒學書院，看看滿山金黃的銀杏樹，再去安東吃吃牛肉，其實安東以雞出名，不過意外吃到乾燒肋排，簡直驚為天人，不過猜想趙薇這道菜的靈感來自電視上的白種元老師。

吃完吸手指，所以飯前請務必洗手。

材料：
豬肋排（手指長度）1斤
番茄2顆
蔥2支
薑2片
蒜3瓣
八角1個
月桂葉1葉
油½大匙

調味料：
冰糖1大匙
米酒2大匙
醬油2大匙

做法：

1 肋排汆燙後瀝乾，番茄切成塊狀。
2 平底鍋放油、冰糖，開中小火至冰糖融化，把小排一支支放入鍋中煎上金黃色
3 將過多的油倒掉，加入蔥、薑、蒜拌炒後移至燉鍋。
4 加入八角、月桂葉、酒、醬油拌炒。
5 再加入切塊的番茄，加水與食材平齊，燒滾撈浮沫，以小火燉1小時。

NOTE

以可樂或黑啤酒取代水，會有不同風味。

韓式菜包肉（2人份）

자몽에
이슬

07

張家出現這道菜的初始已不可考，相信和韓劇有關，我覺得學問不大，關鍵在豬肉品質，因而趙薇一度跑了好幾家菜市場尋找她認可的豬肉。我喜歡菜包肉不僅因為肉，還因為菜，尤其加了紫蘇葉，徹底中合掉豬肉的氣味，而使得豬肉得到淨化。有菜有肉，輕鬆吃，吃得沒有壓力。

材料：

豬五花肉1條（4至5公分厚）

蘋果1個（小）

蔥薑蒜各2、3片

生菜葉、紫蘇葉適量

調味料：

味噌1大匙

酒2大匙

做法：

1 五花肉洗淨，整條或切半放進500㎖冷水中，

2 蘋果切塊，蔥切片、薑切片、蒜去皮，入鍋，並加入調味料。

3 中大火煮開，撈浮末，轉小火慢煮50分鐘左右，不用蓋鍋蓋，避免腥味。

4 以刀尖插入不冒血水即可，關火，燜20分鐘。

5 切片擺盤，搭配泡菜，以生菜葉及紫蘇葉包裹食用。

南瓜餺飥

（2至3人份）

08

餺飥用生麵做，結實有勁，武田信玄乃拿它當軍糧，吃一碗，半天不餓肚子，方便打仗。

我不自己做餺飥，去日本旅行時買了帶回來，否則好像都不買伴手禮、紀念品很對不起當地商家。

又是南瓜，真愛南瓜——不信你們可以試試，用南瓜煮出的湯濃稠，再加點切碎的蔬菜，與餺飥煮在一起，吃完一大碗，十個小時後也不覺得餓。南瓜絕對有取代肉類的滿足感。一點點肉味即可，大塊肉易毀了南瓜味。

材料：

栗子南瓜半個（約150克）
白蘿蔔¼根
紅蘿蔔⅓根
鴻禧菇½包
油豆皮1片
日式高湯120㎖
豬梅花肉片約100克
寬扁麵條200克
大蔥（斜切片）少許

調味料：

味噌2大匙
味醂1大匙
醬油1大匙

做法：

1 南瓜去籽留皮切厚片，紅白蘿蔔切成扇狀，鴻禧菇去根剝成小朵，豆皮切細條狀。
2 高湯煮沸後，加入所有蔬菜和豆皮，湯滾後加入肉片，撈去浮末。
3 加味醂、醬油，再溶入味噌，試過味道後，適量調味。
4 加入生麵條煮至麵條熟後，擺上蔥片上桌。

南瓜醬汁義式麵疙瘩

（2至3人份）

09

我熱愛麵食，第一次在托斯卡尼吃到麵疙瘩即驚為天人，這種用麵粉與馬鈴薯做的小東西，和中式麵疙瘩的粗獷不同，細緻而可口，明明不驚人卻有種甜美之後的滿足感。愛南瓜，南瓜麵疙瘩就更讚了。

曾經買了手動製麵機回台灣，做過義式麵條，也買了壓泥機，專用來將煮熟的馬鈴薯壓成泥好做麵疙瘩。兩個人吃飯費事，每次做一堆，吃不完的進冰庫，到時配上白醬或紅醬。

南瓜最棒之處在於含羞帶怯的甜味，與美麗的普羅旺斯黃。

材料：

麵疙瘩

馬鈴薯2個
高筋麵粉140克
雞蛋1個
帕瑪森起士粉少許

南瓜醬

南瓜300克
洋蔥¼個
橄欖油2大匙
月桂葉1葉
鹽、胡椒少許
高湯1杯
牛奶1杯
奶油1大匙
培根3片
洋香菜少許

做法：

1 製作麵疙瘩：馬鈴薯煮熟去皮，搗碎至不燙手時加入雞蛋，慢慢加入麵粉，帕瑪森起士粉揉成麵糰。

2 麵糰移至平板上切成四份，每一份揉成細長條，切成指頭大小，每一個揉成橢圓狀，用小叉子壓出壓痕即成。

3 製作南瓜醬：洋蔥切碎，南瓜去籽去皮切成薄片。

4 下一匙橄欖油，小火炒洋蔥至軟，加入南瓜續炒，加入月桂葉、鹽、胡椒調味，加入水、高湯煮至南瓜軟爛，再加入牛奶，煮至稍微濃稠的醬汁狀，拌入一匙奶油提香。

5 培根用平底鍋煎至乾香後，切絲。

6 湯鍋水滾，煮麵疙瘩，浮起即可撈起放入南瓜醬汁中，若太濃稠可加少許煮麵水，拌入培根碎（可留少許裝飾），盛盤，撒上洋香菜。

10

義式涼拌海鮮

（3至4人份）

材料：

花枝1尾（中型）
蝦10尾
蛤蜊半斤
鯛魚片8至10片
洋蔥半個
番茄1個
黃椒1個
羅勒或九層塔1把

醃料：

檸檬汁1大匙
鹽、胡椒少許

油醋醬：

橄欖油5大匙
檸檬汁1個
白酒醋2大匙

做法：

1 蝦子去腸泥、花枝切花刀備用。

2 蛤蜊放入鍋中，加少許酒，煮至打開。

3 鍋內燒水至滾後加點酒，先燙花枝，再燙魚片，然後燙蝦去殼，汆燙好海鮮泡冰水。

4 洋蔥切絲，番茄切塊，黃椒用瓦斯爐點火燒至皮焦黑，泡冷水去皮去籽切長條，均以少許鹽及胡椒調味。

6 海鮮類瀝乾，以少許鹽、胡椒和1大匙檸檬汁稍微醃製入味。

7 將海鮮、蔬菜，加入混合好的油醋醬攪拌均匀，再加入少許九層塔碎，留幾片葉子裝飾，即可盛盤。

英式早餐（2人份）

11

到英國旅行之前有兩大心願，一是英式早餐，一是英式下午餐，比起來更喜歡早餐，豐富而華麗，我也愛豆子，凡青豆、鷹嘴豆、白豆、黑豆，無豆不歡。

愛豆可能和年輕時看西部片有關，克林伊斯威特演的《荒野大鏢客》系列，他吃飯就皺著眉頭、瞇著眼、撮著嘴，拿湯匙從盤子內舀出一匙豆子。非常MAN也非常營養的樣子。豆子簡單，超商賣各種罐頭，出國我就帶不同的豆子罐頭回來，偶爾英式一下。豆很重要，太陽蛋，若蛋好則蛋黃膨起，就完美。

材料：

洋菇1盒

番茄1個

培根4片

德式臘腸2根

雞蛋2個

英式焗豆子罐頭適量

洋香菜少許

調味料：

鹽、胡椒少許

做法：

1 洋菇切塊，番茄橫切半，將頭尾部修平整。

2 平底鍋下少許油一邊炒洋菇，一邊煎番茄，再以鹽、胡椒、洋香菜調味。

3 平底鍋清洗後，分別煎培根，煎臘腸，煎荷包蛋。

4 同時烤兩片吐司，對切成三角形

5 全部完成後裝盤加入焗豆子、撒上洋香菜即成。

蘋果煎餅

（2至3人份）

12

沒提過我愛蘋果喔？我愛的還真不少，女人除外。

我學做菜大部分食譜從日本漫畫裡偷來，年輕時常做薄餅，用糖漿炒蘋果丁，包進薄餅內，刷了油進烤箱烤得表面金黃。

結婚後吃到趙薇做的蘋果煎餅，嘆為觀止，得做得和平底鍋一般大小，翻面時測驗廚師功力。

青森出產蘋果，某年秋天旅行到弘前，途中看到電視節目介紹家小館子做蘋果披薩，當天晚上便摸黑尋找，還真鄉下，但餐廳布置得頗歐式，等到蘋果披薩，入口即醉，從此冬天張家必不忘蘋果薄餅。蘋果要帶點酸味的最好，太甜就壓掉蘋果味了。

材料：

焦糖蘋果

蘋果2個（小）
白砂糖 40克
無鹽奶油 20克
白蘭地或蘭姆酒½大匙

麵糊

低筋麵粉80克
泡打粉½小匙
白砂糖30克
牛奶100mℓ
蛋黃2個
白蘭地或蘭姆酒1大匙
沙拉油1大匙

蛋白霜

蛋白霜
蛋白2個
蛋白霜用鹽1小撮
無鹽奶油2大匙
肉桂粉1小匙
細白砂糖（裝飾用）1大匙

器具：

21㎝平底鍋

做法：

1 製作焦糖蘋果：蘋果去皮去核切12片，平底鍋放入砂糖中大火加熱，至糖溶化成金黃色糖漿時，加入蘋果片混合均勻。

2 加入奶油翻炒至蘋果變軟，加入酒、一半的肉桂粉拌均勻，倒出攤在平盤上散熱放涼

3 製作麵糊：低筋麵粉過篩，放入攪拌盆，放入泡打粉、砂糖大致攪拌。

4 再加入蛋黃、牛奶以打蛋器混合，加入白蘭地和沙拉油，混合至柔軟。

5 製作蛋白霜：蛋白加鹽打發至成角狀。加進麵糊裡，從底部輕輕翻拌均勻，盡量不要讓蛋白霜消泡。

6 平底鍋放一大匙奶油加熱，轉中小火倒入麵糊，將焦糖蘋果均勻鋪在麵糊上，蓋上鍋蓋小火煎，小心麵糊邊緣不要燒焦。

7 當麵糊膨脹，表面變硬時，將餅滑至一個大平盤上再倒扣回平底鍋翻面，繼續小火慢煎。

8 直到表兩面都呈現金黃色，撒上另一半肉桂粉及細白糖，再翻一次面，至砂糖溶化就即可起鍋，撒有肉桂粉的那一面朝上盛盤，切片享用。

輯・4

行旅之味

蓬萊仙山在哪裡？俄羅斯的水餃哪裡來，
旅行教我們忘記未來與過去，只專注於當下

旅行三步驟

旅行是逃避現實並且放鬆心情的一個好方法，有三個基本步驟：首先揹起背包，接著推開大門，再把一隻腳邁出去，就開始旅行了。

以前我是個工作狂，連出國採訪的空閒時間也窩在旅館內寫稿，同業都罵我無聊，為了掙口氣，決定提起我那隻千斤重的腳走出旅館。

在新加坡的Orchard Road上，頓時有舉目無親，心慌腳軟的感覺。好吧就順著這條大馬路走到底再走回來，這樣不會迷路，也算旅行吧。

走著走著，巷子內傳來一股一股燒鴨味。再走，奇怪，怎麼有日本的醬油味。不行，非得進巷子去瞧瞧。那天我吃了廣式燒鵝飯，配了碗摩摩喳喳冰，又買了一副太陽眼鏡。嗯，旅行，不錯。

後來去巴黎，想按照新加坡模式，絕不會找不到回旅館的路，就走出去，目標正前方，走到累了，再往回走就是了。大約半小時後，想回旅館複習一下安全感，才回頭就慌了，怎麼前面有十幾條路指向同一個路口？原來巴黎不是棋盤式設計，是輻射狀的，我的旅館在輻射盡頭處的某條小巷子內，但哪裡是盡頭？

好不容易找回旅館，又被同事譏笑，說我連旅行都壓力這麼大，需要去做健康檢查了。不服氣，晚上請他們吃晚飯。在巴黎當然要吃法國菜，但法文跟火星文也差不多，怎麼才能找得到法國菜的館子呢？

不怕，找。我找了家門前有紅地毯，門口掛著兩盞水晶燈的，看起來就像高級的法國館子。捏著存了很久才忍心要花的法郎（那時還沒歐元）坐進餐廳，雞同鴨講地溝通了許久才搞清楚，這是家賣中東菜的館子。哎，旅行真累人哪。

沒關係，跟旅行，拚了。

●●●●●●●●●●●●

有一年徹底改變了我對旅行的看法，也不再有壓力。

跟老婆到波蘭去，她的包包被搶，裡面有機票、鈔票、相機、護照、手機，和一切能帶給我安全感的東西。那麼回台北吧——航空公司說沒機位，要我等。那是暑假旺季，恐怕得等上一兩個月。

當地有朋友收容我，從此每天我和老婆利用他家冰箱內的材料，自製兩個大潛艇堡，坐上當地火車，以一天之內來回為範圍，繼續旅行。大約兩三個星期後接到航空公司的電話，有機位了，那時我已經捨不得離開波蘭。

那陣子，我和朋友家巷口賣薯條的比利時人成了聊天好友，去了曾到過台灣的波蘭水手家，喝他女兒的滿月酒，走遍波蘭中部大小城鎮。

人生好像本該如此，撞到什麼算什麼。

想起禪宗裡一個故事：

某個小子在深山裡遇到老虎，他拚了命地逃，不料跑到懸崖邊，他想，與其被老虎當下午茶，不如往下跳，說不定還能活？

當他咬牙要往下跳時，卻見懸崖下面又有頭老虎正仰起臉伸出舌頭舔拭門牙朝他笑。哎，前後皆有虎，怎麼辦？

這時他發現有根樹藤垂在懸崖中間，他攀著藤停留在半空左右搖幌，想說上面和下面的老虎咬不到他，爽。

不幸，懸崖上面有兩隻老鼠大口大口咬著樹藤，眼看就要斷了。這時，某小子見到手邊的山壁上長著一顆鮮紅的櫻桃，他摘下櫻桃送進口中，心想，這櫻桃真甜呀。

旅行不講究未來，不必回顧過去，只有當下，每天醒來趕去搭火車，然後抵達另一個陌生的地方。人不能沒有未來和過去，但偶而忘記一下未來與過去，當下，其實是最享受的時刻。旅行去。

來自常世國的橘子

冬天在日本旅行最好的水果莫過於橘子，多年前的二月，在大雪紛飛奈良附近的飛鳥鄉間，見農夫將橘子裝袋置於田邊的棚子內，一袋七、八枚只要一百日圓，而且是良心生意，取橘子者，請自行投幣於桶子內。

橘子香甜，尤其剝開皮時，清香的味道留在鼻尖指間，是吃完鮪魚後，化解油膩的好甜點。橘子也可做果醬，做成一般的或加點細薄橘子皮，後者更優。

橘子在日本歷史上稱為「非時香菓」，是冬天少數的水果。據說公元前後的垂仁天皇（他在位期間是公元前二十九年至公元後七十年，僅在位便長達九十九年，歷史學家認為他屬於神話時期的人物）聽說從奈良一路往東，有個叫「常世國」的地方，那裡的人不老不死，想當然耳必有延年益壽的仙丹、聖果，乃派大臣田道間守去找。

費了多年功夫，田道間守終於從常世國回來，且帶回橘子樹為證據，不幸垂仁已死了，他悲痛不已，請求葬在垂仁的墓旁，於是今天奈良市郊區留下一大一小的兩座古墳，大的是垂仁天皇，小的便是田道間守。

橘子隨田道間守來到日本，兩千年後被流浪至當地的旅行者吃到，不能不感慨困頓中方能體會食物的真實美味。

說起常世國，又得往南行，距離京都不遠的紀伊半島，和日本開國之主神武天皇有關，他生於公元前七一一年，死於公元前五八五年，又活了一百多歲，也被列為日本正史之外的神話人物。

神武天皇從九州率兵出發，渡過瀨戶內海去征服東國，在如今京都一帶被當地豪族打敗，逃亡到紀伊半島，登上天磐盾的巨石看天下，天神派出三腳烏鴉（八咫烏）領路，終於反敗為勝，所以如今紀伊半島南端的熊野地方成為神話的原鄉之一。

忽然間在熊野東邊的新宮市見到偌大徐福廟，啊，秦始皇為求長生不老，派徐福帶領童男童女出山東往東航行，尋找海中的三仙山，不是正和田道間守的故事類似？兩個神話在熊野與橘子間相互呼應，好像傳達古早旅行者相互述說的故事，進而發展出更豐富的傳說。

拿日本聖鳥的八咫烏為例，《山海經》內提到來自太陽的鳥：赤烏，也稱金烏，也是三隻腳，日本自稱太陽神（天照大神）的後裔，多麼熟悉的文化融合。

八世紀的平安時代，佛教淨土宗流行，原有的神道便和淨土信仰逐漸融合（神佛習合），熊野成為代表淨土的聖地。天皇、貴族紛紛前往熊野參拜，稱為「熊野詣」，能得到現世的幸福，亦能往生至極樂淨土。流行所及，武士、庶民也紛紛往熊野，形成「蟻の熊野詣」，意思是往熊野參拜的人潮同螞蟻般。

日本兩個地方和靈界相通：熊野與東北的恐山。

從熊野的海灘往東，就是常世國了。淨土宗主張西方有阿彌陀信仰，到了日本則有補陀落信仰，信徒於海邊找小船單人乘船渡海前往補陀落聖山，蔚為盛事。曾有名僧侶駕小船飄流到琉球，被當地國王留下闡揚佛法，還修建了補陀落山極樂寺。

單純美味的橘子能追蹤出綿延兩千年的神話，原來橘子如此不簡單。

如從熊野出海，無論往哪個方向都到不了常世國，浪漫神話因科技使地球縮小而不再真實，但就在當年神武天皇登陸地點附近的海灣卻成為著名鮪魚漁港，從生魚片吃到炙燒，從烤魚眼到握壽司，最有飽足感的則莫過於鮪魚蓋飯，切丁的魚肉加上生蛋與蔥花……原來常世國在這裡，雖不能不老不死，卻絕對有「活著真好」的感覺。

想著蓬萊仙山傳說、徐福的傳說，乃至於熊野的常世國與奈良的橘子，旅行可以超脫時空，徜徉於過去與現在。

⋯⋯⋯⋯

這趟從大阪關西機場到熊野的旅程，由我姐的外孫悠生君當地陪，當時他十歲，最愛納豆、鮪魚和每次回台灣領到的紅包。暑假回台灣看阿公和婆婆，回日本時由我夫妻護送。他愛看故事書，路上講了個故事：

一位搭乘夜間電車的乘客在車上睡著，醒來時車上只剩他一人，不久到站，卻發現車站內沒有人，站外也沒有人，當他好不容易找到路回到城鎮，已是三天後的事。這個車站叫「如月駅」。

此事於網路上受到許多人的關注，也不時有人說搭上這班電車。當然有不信邪的人各方求證，揭穿不合理處，終於認定是假事件，真小說。

悠生君說得口沫橫飛，大部分小孩怕鬼卻愛聽鬼故事，我思考許久，大膽推斷人受好奇心驅使，熱衷於不明事物，永遠相信在現實之外必有桃花源或陰靈世界。

坐在紀伊勝浦漁港邊的足湯泡腳，想像徐福的船隊離開山東後到達九州，什麼原因使他不留下？受到當地原住民的攻擊，再繼續往東的進瀨戶內海，最後到達紀伊半島才總算落腳，因為這裡原住民和善，或仍未開發的無人之境？有些日本學者主張神武天皇即是徐福，他搭上不知終點的船，順海流往東飄，到了如月駅，可是不想回去，所以從來沒人知道他的下落？

憑手機導引的旅行，有時挺無聊的，缺少意外與神祕，那麼徐福呢？他忐忑不安的迎接不明未來，其間會不會夾雜點馬可孛羅的興奮、哥倫布的絕望、鄭和的信心？

我問悠生君，去徐福故鄉的新宮吃餃子呢，還是在紀伊勝浦就地吃鮪魚？他想也不想的回答：「鮪魚」。果然是日本人。

紀伊勝浦是日本主要的鮪魚港，拍賣時的盛況不遜當年的筑地市場。我們吃了鮪魚飯，得撥開堆得像山的鮪魚，敲顆生蛋下去，實踐但丁的理論。想到《孤獨美食家》的口頭禪：這樣不是很好嗎？

いいじゃないか，いいじゃないか？

嗯，啤酒，若有YEBISU（惠比壽）瓶裝啤酒就更好了。

高野山，空海的豆腐與精進料理

日本歷史上兩名大和尚，他們是八〇四年遣唐的留學僧空海與最澄，返日後分別成立真言宗與天台宗，而兩人修練的場所高野山與比叡山後來都成為延續至今的宗教聖地。

十二紀初白河天皇退位為上皇，居於白河院，施行院政，也就是垂簾聽政，不必理會限制天皇行動的法令與大臣，直接下命令，天皇權力達到前所未有的高峰，但他仍說：「天下唯三事不如我意，賀茂川之水、雙陸的賭局、山法師。」

賀茂川是京都的大河，經常泛濫成災；雙陸玩的是骰子，那時顯然尚未發展出灌鉛假骰子；山法師指的就是比叡山僧兵。

比叡山的僧兵一度進兵京都，嚇得天皇不敢出門，織田信長決心統一日本，無法忍受比叡山和尚威脅京都，率大軍火燒比叡山的延曆寺，算是解決了心頭一大患。

高野山於八一六年因空海在此修建金剛峰寺而成為聖山，如今屬於「紀伊山地之靈場與參詣道」為聯合國教科文組織認定的世界遺產。

聖地也出了不肖之徒，有些僧侶打著高野山名號至民間強行募捐，也強行借宿，嚇得居民稱他們「夜道怪」，他們則自稱「高野聖」，自成獨立於法律之外的體系，戰國時代也聚眾武裝，織田信長於一五七八年捕殺近一千四百名高野聖，可見這個和尚組織已嚴重威脅戰國諸大名。

現在的高野山不一樣，到處都是寺院，呈現一片清淨無為的平和景象，遊客很多，尤其西方人，來此一探日本禪宗的意境，因而到處背包客。

•••••••••••

戰國時代武家殺人、爭權，內心空虛也畏懼報應，空海的高野山乃成為武人生前供奉魂魄請求空海庇護的地方。空海死後葬於此地，稱為「奧之院」，從入口的一之橋往奧之院約兩千公尺，參道沿途皆墓園與墓碑，保守估計為二十萬座（幕碑與小的墓園），戰國大名約六成均在此設置墓所，不埋屍體，埋信仰，埋心安。

最有名的當然是「天下布武」的織田信長與殺他的叛徒明智光秀，都設了墓所，相距不遠，走著走著，覺得有如入步入時光隧道。人間爭榮辱，死後終究得放下仇恨同居一處。

空海對旅行者意義尤其大，許多傳說與他有關，一是溫泉，許多溫泉據說是他發現的，最著名的當屬伊豆半島——修善寺溫泉。

讚岐烏龍麵是他從唐朝帶回日本，瀨戶內海稻米產量有限，空海教授當地人以小麥製麵的方法。空海為讚岐人，如今四國的香川縣。平假名與針炙也是他帶回去的。

人紅事非多，人善，就攬上一堆未必與他相關的善行，另一與空海有關的朝聖之旅是四國八十八箇所，每個人戴斗笠開始旅途時都穿上「二人同行」的外衫，意思是空海陪著我走，所以二人。

台北西門町天后宮前身即空海所創真言宗的弘法寺，迄今左側殿仍供奉弘法大師（即空海）。

到日本旅行躲不開空海，他老人家佛法無邊，普渡眾背包客。

••••••••••

我去的時候是一月，從大阪搭電車至和歌山換南海線，於天下茶屋（多狂傲的地名）換南海高野線，原本該在極樂橋（多驚悚的地名啊）換纜車，但冬天停開，幸好有巴士送上山。

上高野山得住宿坊，也就是各寺的庵室，因參拜者千里迢迢至此禮佛，不能沒地方過夜，延續到今天，宿坊成為旅者豈能不嘗試的「必住」；同時能參加寺裡早晨的「勤行」（住持的說法會）、抄寫佛經等等活動為「必玩」。住宿坊吃的是精進料理，當然「必吃」。

據說始於一世紀東漢時期，意思是秉持佛教的戒律，不殺生而做出的料理，就是素食囉。日本是在十三世紀鎌倉時代以後愈來愈重視素食，講究五色（赤白綠黃黑）、五種調理法（生煮燒炸蒸）、五味（甘辛酸苦鹹）。三種主要供食方式：

一之膳：真言宗以自製「芝麻豆腐」為和尚的修行之一。空海從中國帶回兩樣從此影響日本至今的食物，豆腐留在高野山，烏龍麵則留在出生地的四國香川縣善通寺市。一之膳就以豆腐、青菜與漬菜為主。吃得簡單而清淡。

二之膳：天婦羅與火鍋為主，不可使用香辛料。前者炸的，吃得滿足，後者熱騰騰的，吃得暖和。

三之膳：一汁三菜（一湯三菜），後來也增加到一汁五菜、二汁五菜、三汁七菜、三汁十五菜。

三汁十五菜？已經商業化而與佛道無關了。

我抄寫完佛經，念了空海的詩，頓時神清氣爽的吃了一汁五菜，蒸的芋頭香甜無比，令我至今難忘。吃飽後記得以開水涮飯碗喝下，不浪費一粒米。

夜晚的高野山寂靜、黑暗，路燈有限的光線中舞著細薄雪花，通往奧之院的小路則罩在夜霧裡，那是其他地方無法體會的空無、侘寂（Wabi-sabi）：

飄動之霧氣淡於夜色而可見，由大橋後之巨樹往外竄而可懼。

第二天大早，懷著敬畏的心情步進奧之院，空氣冰涼、霧氣未散、轉角處前方腳步的回音、表情木然的石燈籠與墓碑。地球上大概只有這個墓地專門祭祀活人而非死人，多麼荒謬或者死的後現代化？

奧之院盡頭為空海的御廟，裡面的靈窟是他墓所，據說空海栩栩如生端坐其中，每天寺方定時送進餐食供奉，以示他仍活著。

空海是個傳奇，念了首他寫的詩：

「富者躲不開恐懼（怕失去）、一如貧者躲不開飢寒。」

是啊，人生不就在怕失去與免飢寒之間掙扎？

比起拉麵，我更愛烏龍麵；前者豪邁，偶一為之，後者清爽，可以天天吃。我家的烏龍麵是常備食物，雖然我曾在四國上過烏龍麵學校，練過功，不過既然旅行，還是從日本買些回來當送自己的禮物。烏龍麵配炸雞最好，我不太吃雞，配魚板、青蔥，不能少的是水波蛋。

陸游的餺飥到麵疙瘩

十二世紀南宋的陸游是個滿腹浪漫情懷的詩人，他與唐婉間的愛情傳頌千年。他愛唐婉，可是老媽不喜歡這個結婚兩年還不生孩子的媳婦，強迫離婚。陸游與唐婉之後各自再婚，某次巧遇，陸游寫下著名的〈釵頭鳳〉：

紅酥手，黃藤酒，滿城春色宮牆柳。
東風惡，歡情薄。一懷愁緒，幾年離索。
錯，錯，錯。
春如舊，人空瘦，淚痕紅浥鮫綃透。

桃花落，閑池閣。山盟雖在，錦書難託。

莫，莫，莫。

陸游是紹興人，詩中的「紅酥手」應是當地一種油炸的點心，紅且酥，類手掌模樣，也有人解釋為唐婉的手，於是兩人坐於亭子內，以紅酥手配黃藤酒，一解相思之苦——或唐婉以她的紅酥手持酒杯以奉陸游？

陸游雖數度為官，生活卻始終平民化，曾經於《歲首書事》裡提到宋人過年時「歲日必用湯餅，謂之冬餛飩，年餺飥」。意思是大年初一習慣上吃麵食，雖然冬至吃餃子（餛飩），但年初一的湯餅便是餺（音脖）飥。

我第一次吃到餺飥卻是在日本山梨縣清里，店家門前張開布幔

寫著「小作餺飥」。哇，居然在山間吃到陸游口中的餺飥。

餺飥是未發酵的麵糰，可直接切成麵條，疑似如今家常麵的口味；也可直接捏斷下鍋，就是麵疙瘩了；再以小麵段用拇指一揿，哈，貓耳朵。總之，它堅實、咬勁十足，陸游罷官在野，他這麼形容自己過的日子：「一杯齏餺飥，老子腹膨脝。坐擁茅簷日，山茶未用烹。」

吃一碗野菜餺飥，肚子便飽足。坐在茅屋內，山茶也就隨意泡泡，日子過得無憂無慮。

日本的餺飥來自宋朝，不過如今講究多了，用南瓜燉煮，加上山菜與一枚蛋，蔬菜味道與濃稠南瓜湯，使粗實的麵條變得[illegible]因為都是素的，可以搭配店家的炸雞，滿足肉食者[illegible]

餺飥易做，日本戰國時代以山梨為根據地的武田信玄，常以餺飥為行軍食糧，到了任何地方就地取蔬果燉煮後下餺飥，比起帶飯糰或炒米，吃得講究也營養多了。一手筷子吃餺飥，一手猶捧《孫子兵法》，難怪他老看不起織田信長、今川義元這些老粗。不幸他雖自視極高，卻顧不到兒孫。信玄的遺書很有《三國演義》諸葛亮的味道：

余於五載前，即知此日，特畫花押紙七百，余卒三年，密不發喪，其間公文可用之。他國不知余死，必不敢動。武田氏由信勝繼承，信勝元服前以父勝賴攝政。加余遺骸以棺，沉諏訪湖。

他的孫子信勝被織田家打敗，與父母一起自殺，完成戰國時代人物最後的結局，劇終，the end。

進入山梨縣，凡掛「風林火山」布招的餐館，幾乎都賣餺飥，美食終究離不開歷史，相互標榜，烏龍麵不能不和空海掛勾，茶非千利休不可，餺飥則武田信玄了。

山梨與附近的長野縣，以名山著稱，尤其是八岳，其間有條號稱日本最高的支線鐵道「小海線」，從清里通往長野的小諸城，可以接往輕井沢的火車，其中的野邊山站，標高一千三百四十五公尺，日本第一高的車站。

小海線無海，只因其中一站叫小海（Koumi eki）。經過山區小鄉鎮，與平常所見的日本大不相同，尤其秋季，天高氣爽，舉目一

片綠，恍如到了歐洲。

終點小諸站，離戰國時代武田信玄建的小諸城不遠，江戶時代這裡是兩條古道，中山道與甲州街道的交會口，因此得地利而成市。城內巨樹如蔭，春櫻、夏綠、秋紅、冬雪，一八九九年作家島崎藤村到此，受聘為小諸義塾英語教師，居住六年結婚生女，過的大約與陸游吃餺飥相似的悠閒日子。

島崎也浪漫，寫下如此詞句：

假若我是一隻梭（織布用）
也就邊道別邊想你白嫩的指頭
將春日的相思

隨著柔絲編織出布匹

我在山梨住了好些日子，朋友的房子空著，恰好供我歇腳，清晨起來，牧場新鮮雞蛋與培根，加上清里小鎮上剛出爐的麵包，原來好的蛋果然下鍋時蛋黃高聳，有如少女的胸部。清里高原牧場提供的牛奶、起司與酒是另一享受，看來待於山梨吃飯絕不成問題。

隨後到田間走走，小棚子裡農家將自己種的青菜擺在其間供人自購，百元一包、一綑、一束，將錢投入箱內即可。中午至鎮上，萌木之村內的房子蓋成歐式，有如進入童話世界，到處是咖啡館、餐廳與手工藝品店。

店，到處都有；空氣，可就唯清里了。

街上也賣生餺飥，沉甸甸的包裝，帶回住處，就上午買的蔬菜燉成雜燴，下了餺飥，自然不能忘記啤酒，吃得通體舒暢，等日本阿爾卑斯山的落日。夏天，輕井沢是傳奇，但清里更是真實的人生。

• • • • • • • • • • •

真實人生的台北家裡，妻子的麵疙瘩也好吃，原來以白菜肉絲為主，經過山梨餺飥的洗禮後，也試著用南瓜做湯底。很奇怪，有了南瓜可以無肉，照樣感覺肉食的豐富感。我不是吃素的人，對於餐館內大費功夫做出的素菜並不排斥，但也不會刻意去吃，南瓜改變頑固的想法。南瓜若用煎的也好吃。

還有種麵疙瘩，義大利的gnocchi，用馬鈴薯與麵粉做，麵糰

完成後切成小段用湯匙輕壓出線條，下鍋煮熟拌進奶油醬或番茄肉醬，也好吃。

第一次在家試做ghocchi花了大手腳，馬鈴薯煮熟後得壓成泥，該怎麼壓呢？湯匙壓、鐵杯敲、鎯頭扁，後來朋友送我一種手搖的擠壓器，方便多了，從此樂做ghocchi而不疲。有時懶，煎點培根，用超市賣的現成白醬，煎煎拌拌，美味不下於餐廳。

除了南瓜外，馬鈴薯也是好東西。十八世紀大航海時代，從中南美洲將馬鈴薯帶回歐洲，救了許多人。因為人口增加，糧食嚴重不足，許多地方出現饑荒，馬鈴薯好種，而且熱量高，澱粉甜美呀，不幸如今的健康飲食或減肥療法都強調避開澱粉，這不是謀殺吃飯的樂趣嗎？

堅持運動，為了澱粉，我得每天萬步、打籃球、騎車，然後餺飥、麵疙瘩與gnocchi。

馬鈴薯，煎南瓜，肉燥豬腳白菜滷。

萬步，爬山路，滿肚空虛，饑餓酸苦。

煮，煮，煮。

我不能和陸游比，但與陸游一樣熱愛澱粉——稍等，陸游這麼愛澱粉，BMI和血糖高嗎？他活了八十五年，嗯，好像還可以。

慶尚北道的菩薩半跏思惟像

旅行中常會遇見說不出緣由，可是驅使我走下去的事件，如同自動洗車的洞穴式機器，一旦左前輪卡進軌道，便隨著它牽引進入瀑布般清涼世界。

韓國慶尚北道的奇遇始於一碗泡麵，那天早上從慶州市搭公車往郊外，四十分鐘後開進與高速公路相比簡直田梗般的小路，抵達安康邑的玉山書院。這是建於十六世紀的儒學書院，二〇一九年，聯合國教科文組織以「傑出的普世價值」的評語將九座書院列入世界遺產，玉山即其中之一。

韓國的儒學歷史悠久，十六世紀朝鮮王朝於各地遍設書院，玉山書院成立於一五七四年，群山之中，讀書講究氣質，而氣質少不了環境。二〇一九年登錄為世界遺產，「韓國新儒學書院」包括紹修書院、屏山書院、陶山書院、道東書院，前四個都在慶尚北道，唯道東在大邱市的達城郡。

大約中午離開玉山書院，距離公車的時間還有四十分鐘，飢腸轆轆，周圍又找不到餐廳，就走進路口小雜貨鋪，僅一個問題：「能在這裡吃泡麵嗎？」左前車輪乃卡進軌道。

老闆娘笑瞇瞇的說當然可以，不僅幫忙泡了熱騰騰的麵，她還切了自己醃漬的泡菜送來當小菜，飯後更奉上一碟當令柿子。秋天的韓國到處是柿子，甘甜爽口。

離開時，她指著公路另一頭說，朝裡面走十分鐘可以見到石塔，國寶的石塔，你們不能不去。

本來我擔心誤了巴士，在她熱情堅持下還是快步走了一趟，果然在片草地上見到石塔，全名是「淨惠寺遺址的十三重石塔」。建於八至九世紀的新羅王朝時期，特色為底層特別大，裡面曾供奉菩薩，如今菩薩雖不在，整座塔仍在秋天溫暖的陽光中散發溫暖氣氛。

那天起，旅程莫名的改變，我遊蕩於慶州的書院之間。

••••••••

第二天到安東市的陶山書院，公車停在山路旁，我們跟著一對父子下車，不久知道他們是祖孫，孫子二十二歲，他一星期自修三

天中文，一路上仰著臉對我們講中文，他說他有自閉症，不過喜歡念書，平日當大樓保全，爺爺身體好，孫子休假時兩人便到處旅行。一路上爺爺笑瞇瞇不說話，顯然他享受孫子與陌生人的接觸。

到達書院後不久，身後傳來踩著落葉的急促腳步聲，是名背包客，操一口中國北方口音的普通話，他來自山東。他說原在貿易公司負責與韓國的交易，這次因工作到了首爾，忽然決定暫時不回去了，就這樣在韓國流浪了半年。

忽然？為什麼忽然？他在首爾的中央博物館見到國寶第八十三號「彌勒半跏思惟像」，聽說其他地方也有，便走走看看，不小心走了半年。

彌勒半跏思惟像是佛陀在悟道時的喜悅模樣，祂左腳垂地，右

腳盤在左腿上，所以是半跏，而右手擱在右頰下方露出微笑。顯示佛陀於自在的心情中悟道，神態輕鬆自然。

他熱心告訴我紹修書院也有一座，一定要去看。對，一路上都遇到陌生人說：「一定要去。」

當天的陶山書院沒有其他遊客，只有五名有緣人，是我旅途中少數那麼單純的日子。紅葉、銀杏、藍天，我的意思是心情徹底放空，空到不想離開的地步。

既然有人介紹，怎能不去榮州市的紹修書院，穿過書院進入儒生村的博物館，果然，銅製的彌勒菩薩正自顧自對面前迷惘的普羅大眾笑著。

最有名的彌勒菩薩思惟像是日本京都廣隆寺的木雕像，因戴了冠而被稱為「寶冠彌勒」，有人將之列為日本國寶第一號。韓國首爾的中央博物館銅製「山冠半跏思惟像」則戴了如山狀的帽子，榮州的這尊笑得最開心。

這次我明白了，不同於盤腿打坐嚴肅表情的佛像，菩薩必於思惟之際悟出人生道理，因而他自在、不理會外在世界地微笑。或者可以說菩薩想到快樂的事而笑，或者像我吃泡麵時，看著老闆娘送來的泡菜與柿子而笑。

菩薩教我一件事——人生的樂趣往往在於突然間想到一點點溫

暖所帶來的滿足。

慶尚北道之旅意外的見到菩薩，讓我想到約翰・藍儂生前說過一句話：「Life is what happens while you are making other plans。」

我試著翻譯：「生活發生在你忙著擬訂其他計畫時。旅行時別想太多，讓它發生」。同樣是約翰・藍儂的另一句名言：

你享受浪費時間的時候，那不是浪費。

人生有時得放下計畫，享受沒有計畫的浪費。

所以我問老婆，安東市有什麼好吃的，就地吃吧。

安東的雞，可是我對雞興趣不大。安東的牛，這就有興趣了。恰好路旁有家燒肉店，毫不考慮坐進去。吃燒肉該配什麼呢？兩種：燒酒（在韓國，它什麼都配）、青陽辣椒（在韓國，它也什麼都配）。

沒問題，燒酒與青陽辣椒。

青陽辣椒得空口吃，我拿起便啃，不得了，辣出眼淚不說，辣得氣管收縮，幾乎喘不過氣。

老闆娘面色沉重看我，她說青陽辣椒其實不全辣，我大概吃到椒王了。看看，我運氣多好，居然吃到辣的青陽辣椒。

隔一天恰好又經過，恰好想吃燒肉，再來一根青陽辣椒吧，這回我啃完整根維持正常的呼吸。辣出你眼淚的辣椒，總出現在你以為辣椒並不辣時。或者換個角度想，如果那天的青陽辣椒沒把我辣到近乎窒息，怎麼能留下深刻的回憶。

我愛青陽辣椒，你以鮮綠的色彩掩飾熱情，以扭曲的身形掩飾正直，你是火辣辣的回憶。

布拉格的守護者

每個城市都有一個冥冥中飛翔在上空的守護者，他們為居民帶來打從心底發出的快樂，也使外來者很容易融入這個城市，省去很多摸索的時間。因此提到一個城市，我首先想起的便是藝術家，像是巴塞隆納的米羅、馬德里的畢加索、羅馬的貝尼尼、亞爾的梵谷、北京的郎世寧、維也納的克林姆，而布拉格讓我腦海裡馬上出現慕夏。

慕夏（一八六〇至一九三九）生在捷克東部的莫拉維亞，不過他的成名卻在法國巴黎，當時他替當紅的歌舞演員莎拉．伯恩哈

特畫海報，所有人都為之驚豔，影響接下來百年的商業藝術。成名後回到布拉格，努力完成描繪斯拉夫民族的系列油畫《The Slav Epic》，不幸二次大次大戰爆發，一九三九年德軍進入布拉格，慕夏是第一批被蓋世太保逮捕的人之一，當時他已將近八十歲，禁不起折磨，幾個月後去世。

在傳統的油畫世界裡，慕夏的作品當然也受到很多批評，被指太過於功利，二次戰後，甚至被視為過氣的藝術。直到一九六〇年代之後，慕夏畫裡那股夢幻、浪漫，重新受到重視，許多英國迷幻樂團使用慕夏的畫做為演唱會海報。我對美術沒什麼認識，倒是大學起一直是英國樂團平克·弗洛伊德迷，從Pink Floyd見到慕夏，見到他的《西雅辛斯公主》，從此不可自拔。

這幅畫是一九一一年，他回到布拉格後的作品，畫中的故事是名鐵匠幻想他的女兒如何在法術之下成為公主。這是每個父親的夢想，把女兒打扮成公主。慕夏以捷克當時有名的女演員安杜為模特兒，配上許多鑽石飾物、星星，使得畫面依然維持他夢幻風格。可是公主，她斜倚在椅子裡，上半身向右傾，同時右手肘靠著椅把，手掌朝上以其中三根指頭扶住臉頰——想到什麼？

不知怎麼，想到韓國紹修學院裡的彌勒半跏思惟像。明明一張年輕可愛女孩的臉，卻在動作裡表現出成熟、老練、智慧，甚至一點的性感，她眼神則似乎看穿我藏在內心深處的衝動，有點那個，怎麼說，在她面前的男人都有如身上的衣服突然全消失。大部分女人經過慕夏的筆，都被相當程度淨化，惟獨《西雅

辛斯公主》，淨化之外，他把觀看者的自卑與慾望也都畫出來。

一九七〇年代台灣隨著美國搖滾樂流行起嬉皮畫，也就是用簡單的明暗兩種顏色，畫出人物的輪廓與線條。我開始跟著同學一起畫，畫的第一張便是《西雅辛斯公主》的上半部，掛在我房間門後，只有我在房內關上門才能看見她，其他任何人進來，我都開著門，藏起她……那是個多麼自慰與意淫的年代。

•••••••••••

夢到慕夏，可能和進入維也納後，不時見到他畫中的女人站在玻璃櫥窗後、靠在馬克杯上、貼在各種紀念品內有關吧。十八世紀起，歐洲藝術家將希臘羅馬乃至於文藝復興時期作品中的元素拆

解，用在他們的建築與繪畫裡，於是更加自由，打破界限，開始了分子藝術。

慕夏紀念館是個不很大卻很有趣的小地方，一樓賣紀念品，貴到令人難以下手的地步，二樓展示作品，也放映他生平影片，其中最有趣的是他為捷克政府設計的紙幣，看起來非常像大富翁裡用的玩具錢。

慕夏當然不僅存在於他的美術館內，街上、商店、廁所、舊城廣場入口處的市民會館圓穹頂端的壁畫、山上城堡內聖維特大教堂裡整面牆的鑲嵌玻璃，布拉格城內，慕夏無所不在。

到了布拉格，重點之一當然是廣場上的那口鐘，人潮於將近整點時刻不約而同向舊市政廳匯集，大家等著看鐘樓下面那具與布拉

格同樣重要的天文時鐘報時。這座鐘完成於十五世紀，由一位查理大學天文教授設計完成，上面表現時間的鐘以地球為中心，表現出與太陽、月亮關係。

周圍四具人偶，分別代表當時人們的四大恐懼：虛榮（最左邊拿鏡子的）、貪欲（左二握酒瓶的）、死亡（骷髏）和土耳其人的侵略（他彈著弦琴）。

下面另一口鐘則表現出黃道十二宮和農民作業的關係，兩旁也有人偶，是歷史學家（最左）、天使（金色有翅膀的）、哲學家（最右，手裡拿書卻不知眼神飄到哪裡的）和天文學家（拿望遠鏡的）。

上午九點到晚上九點，遇整點即報時，首先是鐘上方石雕天使

兩側的窗戶會打開，在死神（那具死人骨頭）敲響他手中鐘的同時，耶穌的十二使徒依次出現在窗中，結束時由最上面那隻金雞發出啼聲。

我愛上這座大鐘，前後看了十幾次。鐘樓的一角有入口處，可以坐電梯上到六十九公尺高塔頂，往下看，全是等著報時的觀光客人頭。

天文時鐘在完成前發生一宗懸案，那時歐洲很多城市都有類似的鐘，布拉格這座太精美，搶走所有的風采，某城市派出殺手，攻擊擔任設計的這位捷克天文學家，他受到重傷，死的那天，天文時鐘不知什麼原因停擺，經過各種搶修才在很久以後恢復運轉。幸好一九四八年加裝了電動設備，保證鐘不停、雞一定叫。

時鐘旁有家就叫「慕夏」的餐廳，吃鴨子，喝捷克紅酒，一整天有如陷在童話的王國裡。去希臘看神話、到羅馬看名畫、在捷克根本童話。

••••••••••

重點在鴨子，天下最棒的鴨當然是北京烤鴨，米其林剛到台北選星級餐廳那陣子，台北便爆發過烤鴨戰爭，戰火燒到凡以北京、北平為號召的館子不能沒烤鴨（都一處例外，各有各的鴨子原則），連廣東的片皮鴨也加入戰局，五星飯店不計，舉凡龍都酒樓、陶然亭、天廚，無不以鴨為主將。

烤鴨骨架子可以煮湯或煮粥，煮湯不錯，剩下的打包回家自己

煮稀飯。

說到鴨子，歐洲就遜了。我在東京的中餐館請過日本朋友吃烤鴨，服務生態度積極，替客人以餅皮包好，一人兩捲，價格是台灣的兩倍以上，完全沒吃烤鴨的豪邁與澎湃感。

整治鴨子太費事，張家——更正，趙家的鴨肉粥也是不錯的，尤其冬天的早晨，吃出一身汗，禦寒效果奇佳。

那個叫烏鴉的卡夫卡

對了，到布拉格的另一個目的，卡夫卡，那個姓「烏鴉」的猶太作家呢？我喜歡他不只因為他的小說，還有——從小到大我處於群體的邊緣，小學時全班只有我一人來自單親家庭，於是作文課老師出題目「我的爸爸」——他是想怎樣？

初中時大同中學是台北最好的男校，不幸我夜間部的，即使後來改成義務教育的國中制，夜間部全改為日間部，但看班級數字就知道「那些是升上來的」，我們的處境相當尷尬。

小學時老媽叫我暑假去造幣廠打工，搬一袋袋的零錢，搬十袋

還好，搬到第十一袋手便軟了。那時其他打工的少年仔個個眷村體格，他們說我是「有關係的」，不然怎會來個氣喘鬼搬重達十幾公斤的硬幣。為了尋求認同感，背著老媽買香菸請他們，到頭我只是由「有關係的」變成「那個不抽菸的」。

遇到卡夫卡，我的邊緣情結得解脫，邊緣不是壞事，硬幣的兩面，一邊是人頭，一邊是數字，大家都喜歡數字，可是真的花功夫鑄模的是人頭那面。很好，再次安慰性質大於解脫地說服自己。

••••••••••

卡夫卡（一八八三至一九二四）活了四十一年，從出生起便是夾縫中的人。捷克人當時主要分成四種，波西米亞人、莫拉維亞的

斯拉夫人、德國裔的日耳曼人，還有匈牙利人。前兩種自認為捷克人，和德裔的經常發生文化和傳統認知上衝突，而卡夫卡是德裔。麻煩的是，他不僅德裔，還是猶太人，三個妹妹日後都死於納粹的集中營，這是我為何說卡夫卡處於夾縫中的原因。

即使卡夫卡在死後成為國際級的作家、存在主義的導師，就捷克人而言，仍有段時間對如何認定卡夫卡陷入不發一語，卻也從不點頭的矛盾之中，怎麼說，這個作家竟然是用德語寫作的猶太人。

拜各國觀光客之賜，近二十年布拉格市政府一步步把這位作家從夾縫裡翻出來，設立紀念館、在他舊居的街角安裝雕像，於是卡夫卡終於捷克化。

從舊城廣場聖尼古拉教堂旁巷子出去，轉角的地方就看見卡夫

卡上半身雕像安裝在舊居大樓牆上，旁邊有家專賣他書籍的書店，裡面播放關於他一生的錄影帶。再往北走則進入猶太區，不過應該說以前的猶太區，如今大街兩旁全是精品店，成為女人逛街瞎拼的好地方，絲毫感覺不出卡夫卡小說裡灰暗色彩。

保留下來的猶太教堂、博物館有六處。戰前布拉格大約有三萬五千名猶太人，納粹的大肆屠殺，戰後只剩下一千五百人，這幾年經過登記和調查，增加到三千人至一萬人左右，並且相信未登記的也該有萬人左右，不過猶太人的確縮進這座古老城市的角落裡去，和波蘭猶太人經常辦公開活動相比，顯得很保守。

無論如何既來到布拉格，當然得一了心願，看看卡夫卡生活的地方。我對卡夫卡的感情很複雜，大學時念他的小說像《城堡》、

《審判》，念得我齜牙咧嘴，幾次想把書給燒了，可是不念卡夫卡又好像沒水準，沒想到勉強自己幾天，後來我竟成了他的信徒，他的一句話成為我的座右銘：「只有在極端不快樂時，才感受得到自己的存在。」多麼苦中作樂！

這話該這麼解釋，快樂之所以出現經常來自周遭環境與人物，一旦融入快樂之中，快樂的心情跟著別人走，自己的存在性變得較模糊，反之，不快樂時往往只有自己一人，比較有思考的情緒。拿戀愛來說，熱戀中必然快樂，情緒跟著對方走，失戀了，則開始想自己：她真是我要的人嗎？到底什麼地方做錯才被她甩？

……………

卡夫卡在愛情上也是個大輸家，他可能於二十八歲時才初戀，對方是個劇團演員，也是猶太人，不過父親反對，看起來無疾而終。翌年（一九一二）他在朋友家認識女孩菲麗絲（Felice Bauer），之後靠情書苦追，還在三十一歲那年跑去柏林求婚，可是兩人的感情始終沒有具體結果（我的意思是沒結婚）。

三十二歲時他一個人在布拉格租房子住，專心寫作，可以確定的是三十三歲他曾經和菲麗絲去波西米亞西部溫泉區養病，他為失眠所苦，不知道染上什麼病，第二年才知道是肺結核，也和菲麗絲分手，這時他又搬到城堡下的黃金巷，住在一棟低矮平房內全心全意的寫作。

一九一八年第一次世界大戰結束，奧匈帝國瓦解，捷克獨立，

卡夫卡也在養病時認識他生命中第二個女友尤麗葉，雖然訂婚，卻因他病情嚴重到咳血的地步，女方父親反對而作罷。

一九二〇年，卡夫卡透過通信和住在維也納的一個女人交往，甚至跑去維也納見面，不過也沒結成婚。終於在一九二三年，他已經四十歲，在波蘭度假休養時認識了朵拉，兩人並在柏林同居，開始他的新生活，只維持一年，他因為結核病惡化而去世。之前他曾向朵拉的父親提出求婚的要求，再被拒絕。這麼想結婚的男人，卻終其一生結不成婚，和卡夫卡比較起來，我應該算是幸福的男人？

另一方面，他又算幸福，沒有遇上二次大戰，朵拉後來逃到英國，卡夫卡一家則留在捷克，先後死於納粹的集中營。幾天後我過查理大橋去山頂的布拉格城堡，走進黃金巷，找到當年卡夫卡住的

二十二號，必須低頭縮脖子才進得去，裡面空間狹窄，坐著位漂亮美眉賣紀念品。

有人曾說卡夫卡當年寫《城堡》，和他居住在這裡的經驗有關，因為鑽出低矮的住家抬起頭，便能見到豪華、高聳的城堡，兩相對照，也許使他心情更往下沉。

《城堡》寫的是位年輕土地測量員受聘到城堡，不過他被安排住在城下的小旅館內，想盡辦法要和城堡內領主連絡，卻都失敗。人生目標原是完成土地測量工作，沒想到演變為他和城堡間的競爭。所有的努力，最終只是在城堡外圍兜圈子而已。

《城堡》中的測量員，和希臘神話裡推石頭的薛西弗斯相同，每天使盡氣力將大石頭推上山頂，才剛有成功的感覺，石頭又順著

山坡滑落到山腳，第二天得再重新的推石頭。人生在這種不變的循環中進行，一日復一日，努力一生，到時兩腳一伸進棺材。

吾乃存在。

第一種理論，以為這種人生是荒謬的，每天上班、執行幾乎相同的業務，無論拚命的成果是成功或富有，最後都得死亡，那麼人生有什麼意義呢？

第二種理論，人生注定終點是公平的死亡，那麼生命的重點在過程，享受幾十年人生裡的工作和享樂。

．．．．．．．．．．．

吃飯，像測量員，終我一生與代表城堡的三餐對抗，也像薛西

弗斯，每天得吃飯，才能維持我的存在。既然如此，不必和吃飯過不去，打不過它就加入它，愈早和吃飯妥協，人生愈賞心悅目。

基於此，我反對亂吃，像肚子不管多餓也不能填進十幾片的土司，像即使泡麵也得妥慎添加配菜與蛋。吃，必得有目標、有方向，即使吃的失望，至少我努力過。

像今天晚飯，老婆做小卷鑲飯，先煮義大利燉飯，塞進小卷頭內再與青菜一起煮。好吃呀。對了，在家吃飯我有兩個吃飯的好習慣，絕對叫好與絕對吃光，我家幾乎沒有廚餘，若有，廚餘是我。

跟著測量員與薛西弗斯走，他們的努力照亮我們的道路。

莫斯科大街燈光中的魔幻大師

一隻螞蟻是莫斯科市區內的大市集，原名：Izmailovsky。出地鐵站不久，路兩邊排滿當地居民擺出來賣的各式日用品，從九成新皮鞋到絕非骨董的舊傢俱，原來是跳蚤市場。

市集內則令人開了眼界，俄羅斯的套娃因繪者手藝不同而價格差距達百倍，二戰的軍功勳章和去年某團體的紀念章混在同一攤位。普丁T恤十幾種，顯然受歡迎程度勝過紅場的聖瓦西里教堂圖案。

無意間逛到某個角落，全是畫，風景的，人像的，其中一幅抓住我眼神。15×30公分，細細長長，一眼掃去，盡是色彩。

畫的價格便宜到恐怕連油彩的成本都不夠，依稀可見其中朦朧的矮樓，樹林與路燈之間罩著倒映於地面的細雨的恍惚，中間雨傘下是瘦長男人與纖細女人的背影，他們撐著傘，懶洋洋走在複雜而豐富的景色當中。以他們盛裝模樣來看，應該剛赴完宴或飽足地離開餐廳。

賣畫的老闆極力推薦，甚至指著手機內維基百科畫面說明。語言的模糊搭配百分比不低的猜想，原來畫家畫的是他朋友，前蘇聯時代作家米哈爾．布爾加科夫（Mikhail Afanasyevich Bulgakov）與他的第三任妻子葉蓮娜（Yelena），場景則是莫斯科著名的阿爾巴特大街。

布爾加科夫（一八九一至一九四〇）生於帝俄末年，活在蘇聯

史達林時期，轉折與時代巨變是他的人生背景。

一九一九年他棄醫，轉輾來到莫斯科專心寫作，其中改編自己小說《白軍》的劇本《特賓一家的日子》上演後，據說史達林看了十五次。儘管有史達林的支持，《特賓一家的日子》仍不免遭到檢討、批評。布爾加科夫所有的劇作或小說都被禁止發行，這對作家而言，等於宣判死刑。布爾加科夫最後的日子便在劇場當個小職員，陪伴他的是糾纏的病痛與第三任妻子葉蓮娜。一九四〇年三月十日死於莫斯科。

不曾放棄寫作，不曾放棄出版的希望，瘦弱的布爾加科夫撐著傘與妻子走進雨中莫斯科第一街之稱的阿爾巴特街，也許經過路旁藍色的普希金故居、也許三月已見得著街邊初開的花朵。大師與他

的瑪格麗特，消失於轉角初起的暮色裡。

●●●●●●●●●●●

想到捷克小說家赫拉巴爾（一九一四至一九九七），他曾經做過許多與勞動有關的工作，是生活中的小說家。布拉格之春後，一九六八年，他所有的作品都被禁止出版，妻子擔心他過於憂鬱，領他到鄉間過日子，赫拉巴爾去一家咖啡館和曾當大飯店廚師的老闆聊天。有天他突然醒悟，搬了打字機坐到公園內開始寫作，完成了著名的《我曾侍候過英國國王》，以歡樂與嘲諷手法寫小人物如何於納粹時期與共黨時期力爭上游。

男主角個子矮小，他在大飯店內工作，愛吹牛，因此他常對人

說：「我曾侍候過英國國王。」其實英國國王根本沒到過他的飯店。

納粹來了，他想盡辦法巴結德國人，可是畢竟他不是德國優生學眼中的亞利安人，於是他決心娶個德國女人以提高身分。的確他如願娶到，不幸隨即納粹戰敗，妻子死於戰火中。

小說結尾充滿淚水的嘲諷，主角終於出人頭地成了富翁，沒想到共黨接踵而來，全面清算地主與資本階級，名單上沒有他的名字，顯示他的努力依然不受重視，被視為暴發戶，為此他跑去政府單位吵：我也是富翁啊，為什麼名單上沒有我。

突然間喪失文學作品的捷克年輕人很苦悶，當他們聽說赫拉巴爾有了新作，在沒有影印機與電腦的時代，他們手抄《我曾侍候過

英國國王》，抄出了幾萬本。這本小說的影子出現在後來的許多小說與電影，最近的一部是二〇一四年的《布達佩斯大飯店》。

無論多困苦的歲月，許多作家沒有放棄理想，他們相信未來。

布爾加科夫死後二十七年，小說《大師與瑪格麗特》在巴黎出版，再經二十年，不少人認定馬奎斯之前，布爾加科夫是魔幻寫實的先行者，絕對的大師。死後成為大師，對布爾加科夫而言也許沒什麼意義，有意義的是如何在靈魂被禁錮的時代裡，與葉蓮娜於光燦的阿爾巴特街，優雅的享受某個雨後的傍晚。

••••••••••

浪漫存在於任何可能的角落。

阿爾巴特大街建於十六世紀，當時商鋪林立，有點像台北大稻埕或北京大柵欄氣氛。一八一二年拿破崙攻進莫斯科，大街毀於大火，重建之後成為貴族、藝術家聚集的地方，如今周邊店家逐漸被觀光藝品取代，可是氣質仍在。

傍晚的天氣轉冷，我躲進大街巷子內一家小館子，吃碗俄羅斯甜菜湯（Borscht），應該說是雜菜湯，除了燉得分不出是什麼菜的蔬菜外，夾著點香腸，味道濃郁，可是才進肚皮，頓時一股暖意鑽向四肢頭皮。

美食是空虛的名詞，它的存在維繫在對母親養大孩子留下吃飯的記憶，隱含了歷史與情感，那天吃的甜菜湯便是美食，不僅帶來溫暖，也使在阿爾巴特大街的旅客融化俄羅斯的生活。

買來的那幅畫一直在我書桌旁，猜想可能是小販為了推銷畫編出的故事，我卻寧可相信故事，凡是美麗的故事本身已獨立於真實之外，是另一種真實，或者，值得珍藏的真實。

普希金吃過餃子沒？

我在莫斯科的普希金紀念館吃到俄羅斯水餃，記得是牛肉餡，上面滴了香噴噴的橄欖油、撒了迷迭香。據我東問西問的調查：

說法一，餃子大約在十八世紀由中國東北傳往俄羅斯，多年前曾在靠太平洋的伯力吃到，羅宋湯加了酥皮，戳破皮喝湯時發現裡面的餃子（或餛飩），覺得這種形式的湯餃果然一食多樣，湯在酥皮保持下熱騰騰上桌，當時屋外零下二十度，一口下肚，暖得毛細孔全張開，再吃到飽足感的餃子。一碗湯將人生簡單化。

說法二則是俄國餃子源至歐亞交界處的烏拉山一帶。

說法三就有趣了，是蒙古人西征時將這種吃的文化傳到烏拉山，也就是欽察汗國的中心地區。

去波蘭時再吃到，當地人說餃子是從俄羅斯傳去的，不過波蘭人包的餡多為起司，拳頭大小，固然新鮮好吃，可是充其量吃兩個。

莫斯科、聖彼得堡，俄羅斯各地皆吃得到餃子，肉餡、蔬菜餡的，水煮的、油煎的，大部分在裝盤後澆上一匙酸奶油，和沾醬油、醋，又是截然不同的風味。

日本，餃子指的是煎餃，多出現於拉麵店，吃拉麵前先來一份餃子配啤酒，在夏天絕對是壓飢解渴的絕佳搭檔。

我岳父來自山東，老婆家包起餃子可說人人上手，算家族基本

技藝，韭黃餡最佳。和她認識不久，得知是山東人，馬上追問：「妳們家包餃子嗎？」「當然。」多安慰人心的回答呀，當場賺到。

小時候我家也常包韭黃餡的，和我媽的兒子愛吃韭黃有關。迄今老姐聽說我要去她家吃飯，免不了炒上韭黃豆乾絲，聊表姐代母職的心意。

……

美國的華裔作家哈金寫過一則關於餃子的小說《活著真好》，故事發生於中國北方，大意為於工廠做事的老爸成天擔心兩樁事：兒子要結婚，但沒房子，女方家不同意。女兒在外地想回城裡，但沒工作缺，回不來。

因工作關係，老爸到北方某城市出差，當晚大地震，整個城市被毀，老爸雖被救活卻喪失記憶。不久，他在重建中的地震後城市和另一個女人結婚並領養一個孩子，組成新的家庭。

幾年後老爸下班經過一家餐廳，見到店內員工圍著一張桌子包水餃，記憶回來了。中國北方包餃子是家庭活動，尤其除夕晚上全家一起包餃子吃守歲。他馬上搭了火車回家鄉城市，趕到家，應門的是兒子，他驚訝對父親說，幾年沒音信，工廠已認定他死亡了。

原來父親被認定死亡後，宿舍空出來給兒子，於是兒子可以結婚。他因工殉職，空出來的職缺由女兒接替，女兒可以回鄉了。

餃子是家庭食物，吃的是家庭傳統和感情，像我一個朋友小歪，五個兄弟，每年過年比賽包餃子並祭拜父親，想像得出五兄弟

感情多好。

••••••••••

普希金紀念館賣餃子就有些耐人尋味，一七九九到一八三七年，他活了三十八年。除非蒙古人早將餃子文化帶到俄羅斯，或者俄國餃子源於烏拉山，否則普希金生前應該沒吃過餃子，畢竟中俄真正發生關係是一六八九年的尼布楚條約，那時俄國人接受了餃子嗎？我懷疑。帝俄於北京設使館、俄國人開始和中國人做生意則是十九世紀中葉以後的事了。

帝俄時代無論莫斯科或聖彼得堡，最上等的食物是法國菜，再來是英國菜，大概沒中華料理。不管怎樣，如今普希金不能不和餃

子發生關係。普希金在俄羅斯受歡與重視的程度遠超過政治人物，到處都是普希金銅像和以他名字命名的公園。

詩人的悲劇始於一八二八年，他愛上才十六歲的莫斯科美女娜塔麗亞，兩年後結婚，可是維持美麗得花不少錢，詩人揹負了沉重的債務。一名來自法國的流亡軍官與娜塔麗亞的緋聞傳遍貴族圈，不僅如此，還對眾人說他追的是娜塔麗亞的姐姐。普希金送出決鬥挑戰書，一八三七年二月八日兩人在河邊決鬥，普希金中彈，於兩天後死亡。

俄羅斯人對他的評語是：「直到普希金，俄羅斯才有文學。」

•••••••••••

莫斯科與聖彼得堡各有一條歷史悠久的大街，都與普希金有關。以聖彼得堡的涅夫斯基大街來說，普希金咖啡館是這條街的重要景點之一，帝俄時代這裡供貴族散逛採買的地方，普希金好友的小說家果戈理曾寫了同名的小說《涅夫斯基大街》，是這樣寫的：

「十二點鐘以前，涅夫斯基大街對於任何人都不是目的，只是過路罷了。」

「將近兩點鐘時，家庭教師、老師和孩子們就愈來愈少了，他們終於被養尊處優的父親們排擠了出去，這些人和打扮得珠光寶氣的、花花綠綠的、神經衰弱的女朋友們挽著手在這一帶徜徉漫步。」

果戈理寫得傳神：「神經衰弱的女朋友。」我下意識想到普希金美麗的妻子娜塔麗亞。莫斯科的阿爾巴特大街則有普希金故居，很不起眼的小房子，是歷代讀者朝聖地點。

五十一年後劇作家契訶夫得到「普希金文學獎」而成名，除了劇本外，契訶夫也被視為短篇小說大師，他的名作《苦惱》據信就是以阿爾巴特大街為背景。故事主角是位馬車夫，他剛失去獨生子，不時向乘客訴說他的悲痛與對兒子的懷念，但沒人有興趣聽下去。最後馬車夫只能對著拖車的老馬傾訴。

我在阿爾巴特大街吃到餃子，在涅夫斯基大街也吃到餃子。最棒的沾醬是酸奶油，能中和餃子餡的肉味。至於內餡，羊肉的絕佳，剁碎後和某種香料性格強烈的蔬菜拌在一起，有點像茴香。比

起台灣的高麗菜水餃、白菜水餃，味道上更有個性，而沾點酸奶油，餃子馬上異國風味十足。也有炸餃子，常被當成零食，大雪天來幾枚剛炸起鍋的餃子，是種對未來重拾信心的美味。很多國家有餃子，義大利有，法國有，至於我家，老婆山東人，當然更有。

俄國餃子沾酸奶油，義大利餃子拌番茄醬，我家的餃子不來醬油、醋之類的沾醬這套，單純的只配啤酒，這和家中成員之一愛酒有關，而且有個好處，酒喝多了飯後免不了的睡著，就逃過洗碗的工作了。

夜車與追火車

很久以前，一九九〇年的冬天因為採訪到了零下二十度的西伯利亞濱海省（靠鄂霍次克海、日本海），去程波折，得先飛到東京拿簽證，再飛日本海的新潟換俄航，費時兩天一夜到伯力。

在俄羅斯的行程當中有一段從伯力至海參威，當地記者鮑利斯先生建議搭火車，夜車。其實開車約八小時，搭夜車則得十小時，不懂他為什麼非搭夜車不可，等到上了車，恍然大悟，他們根本在車上辦趴。

俄羅斯人天生愛熱鬧也愛酒，以上兩者又經常是連體嬰。一上

車他們打開行囊，不得了，又是火腿香腸，又是麵包起司，當然還有可怕的伏特加。他們邊吃邊喝邊跳，俄羅斯的舞蹈比誰的膝蓋關節比較好，非曲膝跳不可，不搞到精疲力盡絕不罷休。

我們坐兩人一間的車廂，其實很舒服，車外一片冰雪，車上暖氣卻暖得根本不必蓋被子。問題出在暖氣，半夜我和攝影同事安邦口乾舌燥到睡不著，到處找水，走廊盡頭有個飲水器，像飛機上用的，出水量很小，但沒有杯子，我們更沒帶杯子。

不好意思吵醒酒醉的鮑利斯，我們用裝底片的小塑膠圓罐子喝水，那罐子大約大拇指大小，容量有限卻救苦救難，於是直到天亮，兩人便坐在狹窄走廊輪流喝半口水，鮑利斯起床上廁所大驚失色，他說：「你們還在喝？」

俄羅斯人興奮了，進房提了酒出來，續攤，我們只是乾得想喝水而已呀。

夜車，不是為交通，不是為了省一夜的旅館費用，它是種娛樂，類似野餐、打麻將、ＫＴＶ，它必須有酒和水。總之，夜車不是用來睡覺的。

••••••••••••

記憶深刻，於是到了歐洲想盡辦法坐夜車，有回在匈牙利首都布達佩斯，臨時起意去波蘭華沙，決定再坐夜車。當地朋友熱心，怕我們車上肚子餓，特別於桃太郎餐廳炒了兩大盒蛋炒飯當送行禮物，那是我後來寫小說《炒飯狙擊手》的靈感來源。

布達佩斯車站很大，光找月台便花不少時間，當然一波數折，不折沒有旅行樂趣，車站臨時廣播換月台，老天，用匈牙利語廣播，我僅知找到預定的月台看不到車子，見當地人提著行李換月台，當然跟著跑。綠皮列車是俄國的，去莫斯科，新式列車德國的，去柏林，那麼哪一輛去華沙呢。

當上帝把所有窗關上時，一名穿制服的帥哥用德語朝我們招手：去華沙嗎？幸好聽得出他說的是華沙，幸運於最後一刻上車。棒球術語是：SAFE！

進車廂安置妥當，到窗前看月台，見一長列的韓國觀光客提著大包小包滿頭汗水追來，每個人口中喊「華沙？」其中還有兩位一看就知道台灣來的年輕男生，各拉一口冰箱大小的箱子在火車啟動

前趕到。

原來臨時換列車，這下子車票上的車廂與床位對不上新列車的，德國車長好整以暇重新安排，設法將每個人塞進一張床鋪。

他的作法讓我想到一句名言：過程緊湊，內容混沌。

舉例來說，兩名拉冰箱旅行的台灣客就和一名波蘭伯母分到一間，伯母當然很不高興，一個女人怎能和兩名男生同房，打鼾聲事小，名節事大。

車長聳聳肩，再重新喬床位。火車大概已經出了匈牙利國境，許多旅客仍然穿梭於狹窄走廊找房間。可惜沒有伏特加，熱鬧卻絕對。

我和老婆分了一盒蛋炒飯給台灣男生，據說那是他們和我們有

生以來吃過最棒的炒飯。歐洲火車穿越國境，不免有些檢查，車長一間間收護照，他說一切有他，我們可以一覺到天亮。交出護照的感覺頗驚悚，萬一他不還呢？

……

最溫馨的一次則發生在義大利南部，從東邊亞德里亞海的巴里穿越義大利靴底到靴尖，以便隔天早上換車過海去西西里。

那是普通快車，用中文講，那是自強號，用日文講，那叫特急。臨時買票只買到二等的，六人一間，一邊三個床位由上而下，床鋪中央有條安全帶，沒有床側欄干，夠嚇人，睡覺得綁在腰間，免得給搖出去。

夜車人少，義大利人一向好客，車長特別安排讓我和老婆獨占一間，不過因為一路上停不少站，旅客上上下下，夠吵的，還沒有餐車，得耐飢忍渴的一夜。想起伯力至海參威的教訓，該帶瓶酒上車才對。

到了靴尖，不用換車，前六節車廂去西西里，後六節留在當地，我們幸運留在車上，見火車上船，駛進船腹，就這樣過海峽去西西里的墨西拿，因而有幸看到晨曦中古老的墨西拿城。

日本的夜車當然有名，有種叫「青春十八」的JR聯票，買了票可以坐到飽，但僅限快車，幾乎站站皆停，不少年輕朋友暑假便以這種聯票遊日本，可以從九州一路玩到北海道，為了省旅館錢乾脆睡車上，所以研究火車時刻是大學問。這一班接下一班，日本火

車準時著稱，只要安排得好，坐火車遊日本挺經濟實惠。每年JR會出一本時刻表，厚度可以比美《廣辭苑》的字典，日本鐵道迷人手一冊坐車旅行。

我老婆溝通力很強，常在車上找鐵道迷問路，只見他們攤開時刻表的大字典替我們找出最佳路線，接著就看一對台灣來的旅客拿著日本鐵道迷寫下的班次表，在各個車站的各個月台追火車。沒辦法再回到年輕時期睡特急或睡快速列車，老骨頭禁不住折騰，於是二〇一八年從莫斯科到聖彼得堡，我們選擇豪華夜車，兩人一間，提供消夜和早餐，還有人來鋪床。

睡夜車得挑上鋪，從西安到敦煌的經驗刻骨銘心，睡下鋪感覺睡在鐵軌上，行駛時的顫動感非常直接。睡上鋪當然不利於夜尿，

可是舒服多了，憋著點吧，世上沒有十全十美的好事。大陸火車就服務上而言更人道，一定有列車員來添開水，上車前準備好水瓶，不愁渴得如同在沙漠。

日本夜車大多豪華，得預定、得掏大筆新台幣，可是日本的駅弁卻各有特色，若是放棄體重迷思，享受一路吃到掛的感覺，既豪邁也滿足。

••••••••••

關於火車的幾個夢想：

想再坐一次義大利靴底的長程火車，夜車看不到風景是最大遺憾，下次選黃昏上車，至少享受幾個小時的風光。

想從西班牙坐到莫斯科，先喝西班牙酒配伊比利火腿，途中喝法國酒配鴨子、義大利酒配牛肚、匈牙利公牛血配烤肉、德國白酒配咖哩香腸，最後喝俄羅斯伏特加配餃子，反正睡車上，一路喝到掛也罷。

想從東京坐「青春十八」每站皆停的去金澤，穿越本州的腰部，經過山梨、岐阜，再從金澤沿日本海往南去京都，日本推理小說大師西村京太郎以「火車殺人事件」著稱，其中一本便寫這條路線。

除了趕時間，不太喜歡坐新幹線、TGV之類的高鐵，怕旅程太快結束、怕沒時間在車上吃喝、怕錯過可愛小車站。拿北海道的留萌本線來說，從旭川南邊的深川到增毛，冬天，一路上的無人車

站幾乎埋在雪裡，抵達後增毛的餐廳大多休業，不過號稱日本最北的國稀酒廠卻頗能滿足遠道而來的旅客，況且這裡的漁港以牡丹蝦和鯡魚著稱，光看港內興奮的海鳥就知道有吃的了。

坐火車旅行一定要帶我家的戶長，她有個神奇的小叮噹袋子，隨時能從裡面拿出食物，像掛耳咖啡包、英國瑪莎百貨賣的沙拉、日本某一站的駅弁，唯有酒得自己準備。旅行需要隨身的食物包，像她。

到德國，記得踏上羅漫蒂克之路

德國最漂亮的一段旅程，莫過於從法蘭克福出發，一路經過中世紀著名的城堡，到最南端新天鵝堡的羅漫蒂克之路（the Romantic Street）。

最早羅馬人在巴伐利亞山區修建古道，神聖羅馬帝國時期，各地的貴族尋覓風光明媚的地點蓋「住處」，於是一座座城堡比美、比豪華。和義大利或英國不同，這裡的城堡大多以「住」為着眼點，而非軍事用途，甚至到第二次世界大戰，盟軍也逕直攻柏林，因而古堡幾乎都保存得很完美。

走進羅漫蒂克之路，腳步放慢，靈魂放空，我打算只做五件事：搭火車、登城堡、四處散步、見到廣場坐下喝啤酒，然後寫下當時的心情。

如果計畫順利，大約一個星期後我將舉起啤酒杯向新天鵝堡敬酒，可是到了法蘭克福才發現，還有科隆、海德堡、美因茲，與大半條萊因河等著我，立即被迫行程減半。

最先抵達的是符登堡，從車站到大教堂，再過舊橋，開始爬一小段山路便是古堡，之後回到舊城中央的聖母教堂，一旁是熱鬧的市集，裡面的香腸攤天天排長龍。坐在教堂前的小廣場，香腸漢堡配啤酒，人的思緒變得透明。

旅行的重要內容之一：大腦淨空。

往南的羅騰堡，建於九世紀，幾乎是童話世界，廣場中央的市議會竟有個名為飲酒廳的巴伐利亞式大房子，整點時木偶在窗口報時。一旁則為成排的小館子，咖啡、冰淇淋、啤酒，每張桌子坐滿人。看著一邊是觀光團進進出出，另一邊則是小手牽小手的情侶。

旅行的重要內容之二：談情說愛。

奧格斯堡因為是火車轉運站，算是較大的城市，往舊城走，北邊是紅色正面的莫札特故居，而十九世紀革命性的劇作家布萊希特生長於此，出生地如今是紀念館，他的兩個劇本〈四川好人〉和〈高加索灰欄記〉讓我想起二十三歲在新竹關東橋當兵，那年冬天裡在透風的軍營裡讀書的往事。

旅行的重要內容之三：喚起回憶。

也許過度輕鬆，也許在羅騰堡走岔了路，往最後一站埃森時出了狀況。首先，我不知訂在新天鵝堡山下的旅店竟然最後入住的時間是下午六點半。我打電話去說明大約九點才會到，對方回答：「如果九點，先生，沒有巴士到我們這裡，你來不了的。」

意思是我得另找旅館，這有什麼了不起——整個埃森居然找不到一張空床，即使兩三百歐元的宇宙超級豪華滿天星飯店也沒空房間！山區內天氣不穩，六點初，氣溫降至攝氏十度，外加薄得如霧卻淋得人渾身濕透的小雨。將近九點半，街上幾乎見不到人，甚至火車站整修之中，連躲雨過夜的地方也沒有。

忽然，一個高瘦的帥哥出來收擱在路邊的摺疊式看板，上面寫著：Hostel。

他歡迎我做他這天最後一個客人，我分到一張溫暖的下鋪床，洗澡時認識某位日本年輕人，我洗澡，他洗衣服，聊呀聊，他說，已經出來流浪三個月，至於回程時間，尚無思考的必要性。

旅行的重要內容之四：別想太多。

第二天一早，趕巴士、趕門票，新天鵝堡的參觀時間與門票得先在網路上預約，因為修路，巴士遲到了十五分鐘，預約處的小姐顯然很興奮地告訴我：「先生，你不是遲到十五分鐘，你遲到了整整一年又十五分鐘。」

原來我預約的是去年的今天。幸好不是旺季，我仍買到原來預約時間的入場券。新天鵝堡是時代變遷之際，城主路德維希二世的悲劇，他用十七年時間建造美麗的城堡，卻在戰場打了敗仗，從此

抑鬱以終。

一旁的舊天鵝堡是路德維希父親造的，蒼桑的黃色與新天鵝堡耀眼的白，形成對比。坐在湖邊喝啤酒，看著兩座風格截然不同的城堡，我想，浪漫適合遠觀，適合幻想，滄桑則必須深入其中去感受。一如戀愛與婚姻，可是許多人用戀愛的心情要求婚姻，而結婚久的人也常會以婚姻的態度冷落愛情……

旅行的重要內容之五：偶而反思。

由埃森折而往西，是萊因河最美的一段，沿河的山上隨處可見古堡，最大的一處是海德堡，仍飄著雨，破舊的堡內有座小舞台，一組演員排演歌劇。海德堡大學建於一三八六年，歐洲的老大學之一，以醫學、物理學和法律出名，前後出了五十六位諾貝爾獎得

主。

喔，那是朱元璋的洪武十九年，老朱開始大殺功臣了。

旅行的重要內容之六：讀書有時用的不僅是腦，也需要腳。繼續往前走唄。

兩張相隔二十年的菜單

多年前認識一位法國朋友，不算深交，吃過幾次飯，而且吃的不是高尚的法國菜，而是小店日式料理。

他知道我寫小說，年輕時他也曾想當作家，不過陰錯陽差成了生意人。講到當年夢想時，他的眼神飄得很遠，帶著微笑。

有天他拿了兩份菜單送我，「我學生時代才到巴黎，經常經過這家餐廳，Palais Royal是指皇家花園，一七八四年皇宮的花園裡開設了咖啡館，成為當時革命分子討論事情的地方，五年後爆發法國大革命。

「咖啡館後來由商人Vefour接手，改名為Grand Vefour。裡面的陳設富麗堂皇，如果想知道路易十四是個什麼時代，來這裡就知到。

「餐廳開張兩百年後，一名窮學生站在餐廳外看著掛於門口的菜單——舊的那份。別看那行，Les Potages指的是湯，記得你不喝湯對吧。

「窮學生當然沒錢進這麼高級的餐廳，我站在那裡引起餐廳經理注意，他走出來和我聊天，不外乎問我在哪所學校念書、對這家餐廳有興趣嗎之類。他送我一份菜單留作紀念。帶著菜單回去，我常研究其中每一道菜，想像它的味道和裝盤模樣，很快樂。

「日後我去了，請祕書訂位，準時抵達，服務生領我到屬於我的桌子，將菜單放在我面前。對，新的那分，封面還是那張畫，據

說拿破崙和約瑟芬常去吃，某個畫家就按照傳說畫了這張畫吧。菜單比以前簡單，也比以前貴很多。」他眨眨眼，「分成四大類，前菜、海鮮類、肉類、甜點，吃得滿足，吃我的人生起伏過程。」

他把兩份菜單送我，「在兩份菜單之間，我逐漸離開當作家的夢想，不過學會經營人生，走進這家餐廳那一刻，感覺就是我終於來了。」

和朋友失去聯絡，但一直保有這兩份菜單，開始查字典設法了解每一道菜內容，於是我也開始幻想它們的滋味。

••••••••••

去過巴黎多次，最早是一九八七年，為了採訪航空展，從早到

傍晚擠在市郊機場，中午吃小攤子賣的三明治，晚上搭巴士、換火車、換地鐵回到旅館快脫水，幾乎都吃旅館附近的越南河粉，喔，也夠美味。

從沒去過Grand Vefour，可是因為兩份菜單，我進入朋友的人生，分享他的辛酸與喜悅。人生有時挺勵志。

另一回，我到捷克，途中忽然對妻子說，我們改變行程去南部這個叫特奇的小鎮如何，因為廣場周圍文藝復興風格的房子而列入世界遺產，她高興的答應。

去特奇和我另一位朋友有關，大學畢業後事業順利，一度飛黃騰達到這麼開口對我說：「國立，缺什麼、想要什麼，跟我說。」

不幸事業發展太快，資金周轉不過來，公司一夜之間垮了。他

搭最後一班飛機離開台灣到歐洲「跑路」，到處打工賺點小錢設法活命。那年春節，他無目的搭火車到處亂跑，不知怎麼在捷克某個小站下車，經人指點，繞了點路進了特奇小城。一無所有的旅人，到了個一無所知的陌生小城，他坐在廣場邊上鐵製長椅，坐了很久，雪飄在漂亮的小房子屋頂，雪飄在他眼前，這時忽然耳邊響起聲音：「你台灣來的嗎？」

是位女孩，她從台灣到維也納學音樂，春節前失戀，便登上火車，至心情對的地方下車。兩人在雪中聊了很久，並且延續了三天，直到第四天早晨，民宿老闆熱心地開車送她去火車站，朋友則留在廣場感受雪的溫度。

他回台灣了，重新開始，花十年時間還掉所有債務。對了，他

是唯一還我錢的，其他都下落不明或假裝忘記曾經借錢這回事。還錢並付出利息，就是發生在特奇的故事。

我問他，那女孩怎麼讓他想通回台灣面對債務？他說：「她讓我感到寂寞。」

••••••••••

多年後我到了特奇，找到那把鐵長椅，發現椅旁昔日的煤油路燈桿仍在。我坐進椅子，接近黃昏，觀光客都走了，偌大廣場僅我一人，雖是十月，假裝風大、落雪，我縮起脖子忽然想到，我不是走進了朋友的人生嗎？

感覺很奇妙，靈魂離開身體踏入另一人的部分旅程，腦子變得

很清，涼涼的，冬天打開冰箱門的那種涼。

心情愈來愈平靜，忽然耳邊響起女人的聲音：「你發什麼愣，吃晚飯了。」

是老婆，那年她帶外甥女慎重交至她手裡的彩虹小馬旅行，到哪裡都得為彩虹小馬拍到此一遊的照片。我們兩人便帶著彩虹小馬想辦法找到晚餐，牠不挑嘴。

錯過巴黎餐廳，錯過特奇的冬雪，但我的確走進去過。

大碗另加

——小說家的飲食滋味

作　　者｜張國立
食譜設計｜趙　薇
責任編輯｜鍾宜君
封面設計｜木木 Lin
攝　　影｜宇曜影像
內文排版｜薛美惠

出 版 者｜境好出版事業有限公司
總 編 輯｜黃文慧
副總編輯｜鍾宜君
行銷企畫｜胡雯琳
會計行政｜簡佩鈺
地　　址｜10491 台北市中山區復興北路 38 號 7F 之 2
粉 絲 團｜https://www.facebook.com/JinghaoBOOK
電子信箱｜JingHao@jinghaobook.com.tw
電　　話｜(02)2516-6892
傳　　真｜(02)2516-6891

發　　行｜采實文化事業股份有限公司
地　　址｜10457 台北市中山區南京東路二段 95 號 9 樓
電　　話｜(02)2511-9798 傳真：(02)2571-3298
采實官網｜www.acmebook.com.tw
法律顧問｜第一國際法律事務所余淑杏律師
定　　價｜420 元
初版一刷｜2022 年 9 月

國家圖書館出版品預行編目 (CIP) 資料

大碗另加：小說家的飲食滋味 / 張國立著 . -- 初版 . -- 臺北市：
境好出版事業有限公司出版：采實文化事業股份有限公司發行 , 2022.07
面；17×23　公分 . -- (Life ; 3)

ISBN 978-626-7087-55-8（平裝）

1.CST: 旅遊文學 2.CST: 飲食風俗 3.CST: 世界地理　　719　111012571

ISBN：978-626-7087-55-8
EISBN：9786267087572（PDF）
EISBN：9786267087589（EPUB）